历史应该这样学

从传说时代到秦代

赵利剑 著

天地出版社 | TIANDI PRESS

自序

有一句话广为流传,"学好数理化,走遍天下都不怕",却没听过"学好文史哲,走遍天下都不怕"。但当进入社会,我们会发现人文素养很重要,它影响着一个人的谈吐、修养和气质,甚至有可能影响一个人在社会中的地位。

提到"人文素养"这个词,就不能不提历史这个学科。历史在人类所有文明成果中占有非常重要的地位。在清朝乾隆帝的主持下,纪昀等360多位高官、学者曾经编撰过一部卷帙浩繁的《四库全书》。这部耗费13年时间编成的丛书,共约8亿字,分为经、史、子、集4部,故名为"四库"。其中历史占比之重,可见统治者对它非常重视。如今,历史又是中学阶段的基础学科。

由此,我们会产生一个疑问:为什么要学历史呢?

首先,历史里有智慧。它可以给我们提供大量沧海桑田、兴亡盛衰的资料,当我们在现实中遇到需要解决的难题时,历史会给我们一定的启发,因为史料中可能记载着这个难题的形成原因及以往解决类似问题的思路和方法。要了解人类社会发展的规律,寻求当今社会问题的起因和答案,为未来做出前瞻性的判断,除学习历史别无他途。下面我们用一个历史故事来印证这个观点。

北宋年间,大学者司马光用19年的时间,编成了一部编年体通史巨著。他把这部书呈送给宋神宗,宋神宗阅后,认为该书"鉴于往事,有资于治道"，给这部书赐了一个书名——《资治通鉴》。就是说，这部书虽然记载的是往事，但是对现实有巨大的借鉴意义。

其次，历史是一门非常讲究实证的学科，求真、求实是史家的最高追求。学习历史可以培养我们的探索能力，使我们学会用科学的论证、研究方法去探求历史真相，甚至对一些约定俗成的说法提出质疑。例如，中国历史真的有5000多年吗？夏朝真的存在吗？"烽火戏诸侯"的故事确实发生过吗？诸如此类。

然而，学好历史不是一件容易的事。在日常的学习中，我们经常会有这样的困扰：历史很枯燥，我对它提不起兴趣；历史上发生过很多趣事，但课本上的内容不能让我产生好奇心；学历史要记的东西太多，需要花费大量的时间，可是日常的学习是非常忙碌的……

其实，解决这些问题的关键是两个字：兴趣。我们常说，兴趣是最好的老师。只有对一门学科产生兴趣，你才会投入，才谈得上高效学习，如果总是硬着头皮去做自己不喜欢的事，学自己不感兴趣的内容，学习会变得很痛苦。

在我看来，历史这门学科是很容易让人对它产生兴趣的，因为历史里有很多有趣的人和生动的故事。

例如，在中国近代史上李鸿章就是一个非常有争议的人物，人们对他的评价褒贬不一。有人说他是汉奸、卖国贼，也有人说他是19世纪世界三大政治伟人之一。那么他到底是一个什么样的人呢？为什么人们对他的评价会如此不同呢？我们先要了解他的生平，再对他的历史地位进行探讨，这实际上是一个非常有趣的过程。

还有学生反映：他的记忆力不错，能够把整个章节的知识点背诵下来，但是一旦大考中考到事件对比、综合分析的时候，他的分数就不理想。怎样才能把知识点串联起来形成史观呢？

看得出来，这位同学在历史学习上下了很大的功夫。但是历史学习不仅仅是背诵那么简单，还需要我们掌握其他大量的方法，具备其他相应的能力，而这恰恰就是现在中考、高考的方向。

简单地说，我们在日常学习中积累的历史知识，是我们形成历史思维和提高学科能力的素材。而现在的中考、高考则是检验能力和素养的考试，需要我们运用在平时的学习过程中形成的能力、学科素养和掌握的方法去探索更多历史问题。

所以，学习历史知识，仅靠记忆是不够的，因为记忆只能帮助我们掌握基本的史实，而不能解决其他问题。在学习过程中，我们需要把纷繁复杂的历史发展脉络贯穿起来，梳理出一条清晰的历史线索。只有解决了这个基本问题，才能谈得上后续问题的解决。

这套书会提供一些历史学习的指导方法，比如如何评价历史人物、如何掌握历史事件的发生背景、如何评析重大历史事件的影响等。这套书将用生动的语言讲述和分析一些比较典型的历史事例，并且会提出几个问题作为拓展学习。相信会对打算学好历史的人有所帮助。

前言

很多人都听过这样一句话："自从盘古开天地，三皇五帝到于今。""盘古开天地""三皇五帝"都属于上古传说。这些都是在文字产生之前，人们通过口耳相传流传下来的故事。

古史传说中的许多内容，我们在今天听起来或许会觉得荒诞不经，但这些内容中保存着非常丰富的关于上古文明的信息。其中有些是我们耳熟能详并流传至今的，比如神农尝百草、黄帝战蚩尤、尧舜禅让、大禹治水等。

紧接着上古传说时代之后登场的是夏王朝。一般而言，我们认为夏王朝是中国历史上第一个中原部族世袭制王朝，但它是否真实存在过，到目前为止，学术界依然争论不休。

夏王朝之后是商王朝，这点是确凿无疑的，我国古代文化典籍对此有所记载。商王朝真正存在过的最有力的证据，是我国考古人员于20世纪初在河南安阳发掘出的殷墟遗址。由此，3000多年前的商王朝的神秘面纱开始逐步被揭开。

通过不断深入的考古发掘，我们发现商王朝是一个既文明又野蛮的王朝。

商王朝最终为它的属国——周国所灭。周国灭商以后，周武王和他的继任者们建立起一个地域广阔的王朝，为了维系对这个王朝的统治，他们创造性地建立了各种制度。这些制度中有很多直到今天依旧对我们的文化影响巨大，如以分封制和宗法制为代表的家国一体的政治结构、礼乐制度、天命思想等。

任何一种制度都不可能长盛不衰。到了西周末年，随着国人暴动、犬戎侵扰等一系列变故的发生，周王室元气大伤，被迫离开自己繁衍经营数百年的大本营，由镐京东迁至洛邑。就这样，一个新时代——东周开始了。

我们习惯于把东周分为春秋和战国两个时期。这是一个怎样的时代呢？我们可以用"三大"来形容，就是大动荡、大变革和大发展。

大动荡是什么意思呢？当时周王室衰微，诸侯群起争霸，国与国之间战争频繁。同时，诸侯国内部也纷争不断，大臣杀掉君主以篡位的事情不断上演。在这种情况下，西周的那套制度土崩瓦解，而这引发了社会的剧烈动荡。

大变革是什么意思呢？进入战国之后，诸侯国之间战争的规模越来越大，战事也越发残酷。面对日益严酷的生存环境，各国纷纷变法图强，其中最著名的是秦国的商鞅变法。商鞅变法后，秦国一跃而起，由弱而强，最终兼并六国，完成了大一统的伟业。

那大发展是什么意思呢？面对动荡不安、民不聊生的社会现实，有许多心怀天下的读书人提出了自己的方案。他们著书立说、游说诸侯，希望自己的观点能被统治者采用，作为他们治国安邦的指导思想。在阐发自己观点的同时，他们还批判其他人的观点，这就形成了中国历史上一个非常独特的文化现象——百家争鸣。毫不夸张地说，此后2000多年间，所有对中国有着深远影响的学派都发端自这个时期。

我们可以把夏商周这个时期比作华夏文明的清晨。这句话涉及一个非常重要的概念——文明。

目前，学术界对"文明"这个概念尚有争议。简单来说，"文明"

就是和"野蛮"相对应的概念。

以此分析，人类在发展过程中取得的一切进步都可以归为文明。

具体而言，我们可以把文明分解为物质文明、政治文明和精神文明3个层面。以此作为判断依据，我们可以发现：夏商周时期先民在物质文明上已经进入了青铜文明，在此基础之上，他们又创造了以分封制、宗法制为代表的政治文明，以百家争鸣时期的各种观念、学说为代表的精神文明。所以，夏商周时期是华夏民族进入文明时期的重要历史阶段。

公元前221年，秦统一六国。公元前206年，刘邦率军攻入咸阳，子婴投降，秦朝正式灭亡。

嬴政用10年时间结束了春秋战国500多年的混乱局面，建立了中国历史上的第一个大一统王朝。为了让秦朝能千秋万代，嬴政创建了一整套中央集权制度，还采取了诸多巩固统一的措施：如统一货币、度量衡和文字，焚书坑儒等。但是嬴政的梦想没有实现，公元前209年开始发生大规模农民起义，原本强大统一的大秦帝国在公元前206年，便灭亡了。

从建立到灭亡的这15年却让秦朝成为中国历史上最有影响力的王朝，为什么这么说呢？

第一，这是一个统一的时代。在先秦时期，华夏文明主要集中在中原地区，这一阶段的中国可称"中原的中国"。

第二，这是一个奠定了此后1000多年中国政治制度基本框架的时代。秦朝在完成统一大业之后，建立了一整套中央集权制度，而这套制度不仅在后来的西汉和东汉时期得以沿袭，更被以后的历代王朝效仿。尽管有一些调整和变化，但是基本原则和基本框架并没有发生本质的变化。

目录

第一章
神话和传说是历史吗
01 — 10

第二章
夏朝真的存在吗
11 — 18

第三章
在甲骨上写字的王朝
19 — 26

第四章
小部落为何能灭掉大王朝
27 — 36

第五章
王位继承为何立长不立贤
37 — 46

第六章
"烽火戏诸侯"是真的吗
47 — 54

第七章
春秋为何"礼崩乐坏"
55 — 62

第八章
齐桓公为什么能成为春秋首霸
63 — 72

第九章
流亡19年的春秋霸主晋文公
73 — 82

第十章
"一鸣惊人"的楚庄王
83 — 92

第十一章
勾践卧薪尝胆终破吴
93 — 100

第十二章
战斗升级的战国时代
101 — 108

第十三章
商鞅是成功者还是失败者
109 — **118**

第十四章
秦国真的坑杀了40多万降卒吗
119 — **128**

第十五章
孔子为何在中国地位如此之高
129 — **138**

第十六章
人性本善还是人性本恶
139 — **146**

第十七章
老子："无"和"有"，哪个更有用
147 — **154**

第十八章
李斯为何要加害韩非
155 — **162**

第十九章
秦国为何能统一六国
163 — **172**

第二十章
第一代皇帝如何管理国家
173 — **180**

第二十一章
秦朝的货币是什么样的
181 — **188**

第二十二章
什么导致秦"二世而亡"
189 — **196**

第二十三章
秦末农民起义——"王侯将相，宁有种乎？"
197 — **203**

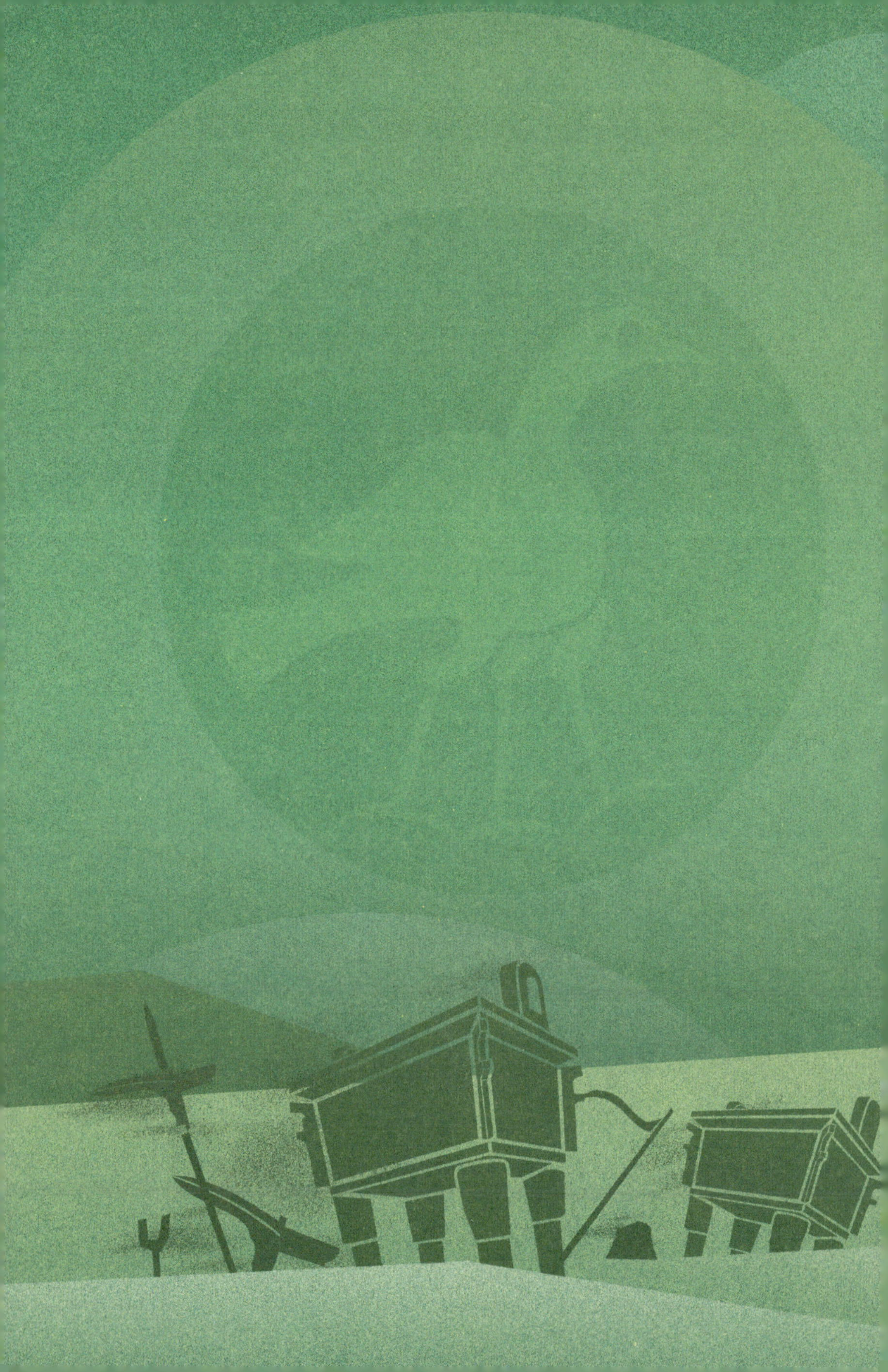

第一章 神话和传说是历史吗

○ 既然神话是充满神奇幻想的故事,那它对我们探索历史还有意义吗?它和传说有什么不同?在这一章中,我们通过了解中国历史上一些比较重要的传说、分析这些传说中包含的重要历史信息,能够清晰地看到:先民最初的社会组织是氏族、部落,部落之间通过战争或其他方式不断融合、扩大,成为部落联盟,部落联盟再进一步发展,就开始逐步具备早期国家形态的一些特点,这一时期的部落联盟就是早期国家的雏形。

敲黑板

- 传说的意义和价值
- 从部落到国家的演变过程
- 早期权力继承——禅（shàn）让制

  神话与传说有什么不同呢？神话是人类最早的幻想性的口头作品，如果要给它定性，可以说它是人类童年时期的产物，是充满神奇幻想的故事。

  例如，当古人看到日食时，由于不具备包括现代天文学知识在内的现代自然科学知识，他们往往会用一些带有幻想色彩的故事来解释这个现象，于是，就有了我们所熟悉的"天狗食日"这种充满想象的对日食现象的解释。同样，"盘古开天地""女娲造人""共工怒触不周山"等都属于神话，它们的虚构性一目了然。

  很明显，这些不能被当作历史。但传说与此不同，传说包含了很多事实成分。我们可以试着给传说下一个定义：它是在文字产生以前，先民世代间口头流传的历史，带有一定的真实性。古代先民进入部落、部落联盟时期后，许多史实以传说形式被保留在文献中。

下面介绍3个比较著名并且对中国文化也有较大影响的传说，来看看在那个时代，有哪些重要历史信息被留存了下来。

黄帝是一个部落联盟的首领，他的部落主要在今天的河南地区活动。

炎帝是传说中尝百草的神农氏。传说上古时代没有医药，人们饱受疾病困扰，于是神农氏尝遍百草滋味，体察百草药性，辨别它们之间的关系，还把药性都记下来，用来给人们治病，这就是最早的医疗事业。

此外，炎帝还是上古时期姜姓部族的首领。黄帝部落兴起时，和炎帝部落之间产生了冲突。这两个部落在阪（bǎn）泉之野发生了战争，结果炎帝的部落战败。后来两个部落逐渐融合，合而为一。

蚩（chī）尤是东方九黎族的首领。传说蚩尤有81个兄弟（可能指81个氏族部落），全都

白捡的知识

三皇五帝都是谁

三皇五帝是古史传说中的人物，是远古时代的氏族或部落领袖。三皇五帝的称呼最早出现在战国时期，但不同文献说法不一。比如有些认为"三皇"是伏羲、女娲、神农，有些则认为是伏羲、神农、黄帝。"五帝"也有不同组合，得到普遍认可的是黄帝、颛顼（Zhuān Xū）、帝喾（kù）、帝尧和帝舜。

华夏族有哪些人

传说中，炎帝号神农氏，是生活在今天陕西宝鸡渭水流域一带的氏族部落首领；黄帝号有熊氏，其部落生活在今天西北黄土高原一带。后来，炎、黄两个部落逐渐沿着黄河、渭水东迁，在迁徙过程中不断与当地部落发生战争，炎、黄这两个部落之间也互相争战，部落逐渐走向联合或融合，最终在中原地区形成了以炎帝、黄帝部落为主体的华夏族。

> 留下你的思考

骁勇善战。蚩尤和炎黄帝在涿鹿之野大战，在战争中，蚩尤把风雨之神请来帮忙，黄帝"九战九不胜""三年城不下"。后来黄帝请来九天玄女，方才战胜蚩尤。

打败蚩尤部落后，炎黄部落就逐渐结合成了一个比较稳定的部落联盟，开始在黄河中下游地区生息繁衍。据说这个时代还产生了很多重要的发明创造，比如养蚕缫丝、制作衣服、推算历法、算术等。

黄帝、炎帝和蚩尤的传说给我们带来了哪些重要的历史信息？

姜寨遗址复原模型

姜寨遗址位于陕西省西安市临潼区城北1000米处，是一处距今约五六千年的原始社会部落遗址。从遗址形态、规格及其遗存，窖藏、壕沟及其遗留物，墓葬形制及其随葬品等方面观察，姜寨村民已经有了一定的社会管理规范，人和人之间并非完全平等，身份地位的差异还是比较明显的，特殊身份的原始贵族似乎已经出现，而且聚落可能受到野兽的侵袭或者战争的威胁。

第一，中国人曾经自称"炎黄子孙"，这个称谓与黄帝和炎帝的传说有关，所指就是炎帝和黄帝这两个部落融合后繁衍的后代。

第二，我们可以通过传说中的一些信息，试着还原那个时代人们的生产生活状况。

传说黄帝是第一个挖掘水井的人。水井是不是黄帝本人发明的还有待商榷（què），重点在于那个时代究竟有没有水井。在考古过程中，考古学家在距今约6000年的河姆渡遗址第二层中发现了木结构水井遗迹，在距今约4000年的河南汤阴白营遗址也发现了木结构水井。从这些遗址建成的时间来看，它们跟黄帝部落形成的时间基本吻合。

水井的出现说明了什么问题？说明人们的生活已趋于稳定，具备了在一个固定的地方利用水源的能力。

"神农尝百草"的传说说明

白捡的知识

传说时代到底什么样

我们试着用传说结合考古的方式还原那个时代人们的生产生活状况：当时的人们已经开始凿井、制衣，我国先民的生活已经相对稳定。在大禹时期，我国已经形成了成体系的婚姻、墓葬制度，出现了原始城邑、较为精美的原始铜器。

在距离今天的浙江省会稽山大禹陵100千米左右的地方就是著名的良渚遗址。考古学家发现5000年前人们曾在良渚古城外围修建过体量巨大的水利工程。他们估算，这项工程需要两三万人持续工作20年以上才能完成。根据如此强大的组织能力，考古学家推测，此时，早期的国家已经形成。

原始"议会"——禅让

尧舜时有四岳十二牧，他们是各个部族首领，尧舜的禅让需要经过他们的许可。禅让传说是原始民主制的一种反映。

留下你的思考

先民行医用药的活动已经开始了。

此外还有部落之间的频繁战争，例如黄帝和炎帝之间的战争、黄帝和蚩尤之间的战争。战争促使部落和部落联盟的规模不断扩大，部落联盟首领的权力也不断扩大，这种权力是如何传承和延续的呢？

按照司马迁《史记》的记载，尧是传说中的五帝当中的第四位，是黄帝的后代，是帝喾的儿子。《史记》里形容他仁德如天，智慧如神。接近他，就像接受太阳照耀一样温暖；仰望他，他就像云彩一般覆润大地。他富有而不骄傲，尊贵而不放纵。他不仅能力出众，而且道德品质高尚。据说尧曾经命令手下遵循上天的意旨，根据日升月落和星辰位次制定历法，并教民众顺应季节变化从事生产。他还决定置闰月，以此校正春夏秋冬四季的误差。传说尧在位70年时，选舜为其继任人。对舜考核3年后，命舜摄位行政。

《史记》中记载，舜是传说中的五帝当中的第五位，其出身和经历不同于尧。舜出身低微，父亲瞽（gǔ）叟是一个盲人，母亲很早去世。后来，舜的父亲再娶，他的继母生了一个儿子，取名象，象有些傲慢。舜从小受父亲、后母和异母弟弟的迫害，屡经磨难，但是他仍和善应对，孝敬父母，爱护异母弟弟，并因此闻名。在尧征询继任人选时，有人推荐了舜。

尧不放心，决定把自己的两个女儿嫁给舜，以考查他的品行和能力。后来尧发现舜确实在各方面都表现出了卓越的才干和高尚的品质。于是，尧开始让舜参与政事、管理百官、接待宾客。最终，舜得到了尧的认可。尧去世后，舜在政治上大有作为，比如他尽心治理水患，使天下的百姓安居乐业等。后来，舜传位给

第一章　神话和传说是历史吗

陶寺遗址观象台鸟瞰图

陶寺遗址位于山西省襄汾县陶寺村南，东西约2000米，南北约1500米，面积280万平方米。在发掘过程中，考古队员发现了规模空前的城址、与之相匹配的王墓、气势恢宏的宫殿、独立的仓储区、官方管理下的手工业区、观象台等。许多专家学者根据目前的考古研究认为，陶寺遗址就是帝尧都城所在，是最早的"中国"。

禹。禹就是传说中治水的大禹。

这个传说有哪些重要的信息呢？

我们先分析尧舜权力更迭的方式。按照传说，尧有一个儿子，叫丹朱，但是尧并没有把帝位传给丹朱，而是传位给了舜；舜也有一个儿子，叫商均，但是舜也没有把帝位传给商均，而是传位给了禹。他们都认为自己最终选择的那个继承人强于自己的儿子。这种制度就是后来被儒家反复称赞的禅让制。

什么是禅让制？在传说时代，简单来说，就是各部落首领民主推选部落联盟首领的制度。在那个时代，部落联盟设有联盟会议，各氏族的首领就是联盟会议的成员，一些比较重要的事务，如继承人的选择，就通过会议做裁决。

从尧、舜、禹的禅让中可以看出，虽然部落联盟首领具有比

> 留下你的思考

较大的权力，但最后还是要服从联盟会议的决定。通过禅让，一些有能力的人最终被推选出来，成为部落联盟首领。

传说尧当政的时候，洪水泛滥，严重威胁百姓的生产生活。于是，尧开始寻找能治理洪水的人，此时，有人推荐了禹的父亲——鲧（gǔn）。鲧治水9年，因错误地采用了"堵水"的办法，治水行动以失败告终。后来，舜又推荐了鲧的儿子禹，认为他可以继承父业。舜判断的依据是禹为人勤谨，忠实可靠，待人宽厚，经常以身作则。于是，尧就任命禹去治水。禹汲取了鲧治水失败的教训，用"疏导河川"代替"堵水"，根据地势高低排除积水，

遂公盨（xǔ）
北京保利艺术博物馆藏

遂公盨是距今约2900年的西周中期的一件食具。专家认为，遂公盨铭文的首句，"天命禹敷土，随山浚川，迺（nǎi）差地设征"与《尚书·禹贡》中的"禹敷土，随山刊木，奠高山大川"有一定的相似性。遂公盨的发现使得学者开始重新思考以前被视为伪书的《尚书·禹贡》的价值，同时也说明大禹治水的传说至少在西周就已经开始流行了。这一发现意义重大。

第一章　神话和传说是历史吗

疏通河道，让洪水顺着河道流向大海。经过13年的艰苦努力，禹最终消除了水患。人们纷纷从避水的高地回到平原，开始新生活。

我们都听过和禹有关的一个传说：大禹治水13年，三过家门而不入。这体现了禹不求回报的奉献精神。大禹治水成功后，在会稽山（位于今浙江中部）以酒庆功。他死后就葬在了会稽山。后人在会稽山麓建造了大禹陵。

从大禹治水的传说中，我们可以挖掘出哪些比较重要的信息呢？

第一，无论是东方还是西方，传说中都有关于大洪水的记载，中国有大禹治水的传说，西方有诺亚方舟的传说。这说明，在上古时代，人类整体的生产力水平比较低，对自然的认识、驾驭能力比较差，和自然界的关系也比较紧张。大禹治水最终获得成功，这反映出随着技术的发展，当时的人们对自然界的认识在不断深入，对自然界的驾驭能力在不断增强，当时的人们已经能够应对一部分自然界的挑战。

第二，在大禹治水的13年里，他一定不是靠着个人的力量治水的，而是动用了大量的人力、物力。从他动用的人力、物力的规模和治水工程持续的时间来看，他的成功离不开一个大组织的支撑。由此，我们可以看出，此时部落联盟已经具有早期国家的雏形了。

我们通过了解中国历史上一些比较重要的传说，分析这些传说中包含的重要历史信息，能够清晰地看到：先民最初的社会组织是氏族、部落，部落之间通过战争或其他方式不断融合、扩大，成为部落联盟，而部落联盟再进一步发展，就开始逐步具备了早期国家形态的一些特点，这一时期的部落联盟就是早期国家的雏形。

思维导图

神话和传说是历史吗

- **神话与传说有什么不同**
  - **神话**：产生于人类最早期，想象而出
  - **传说**：比神话产生时期晚，但早于文字产生 先民口口相传，有一定真实性

  > 传说与历史既有联系又有区别

- **传说的意义和价值**
  - **黄帝、炎帝和蚩尤的传说**："炎黄子孙"的称谓与传说有关；了解当时人们的生产生活状况
  - **尧舜禹的禅让、大禹治水**：从部落到国家的雏形演变过程；禅让制

发散思考

中国古代流传着很多传说，除了以上传说，还有哪些传说有历史参考价值，可以帮助我们了解上古时代的具体状况呢？

☆☆☆☆☆

第二章
夏朝真的存在吗

○夏朝一直以来都被认为是中国历史上的第一个王朝,它的建立者就是历史上大名鼎鼎的禹。古代的《竹书纪年》《左传》《史记·夏本纪》里都有对夏朝的记载。可是,近代却围绕古代史料的真伪问题和如何用考古实物证明夏朝的存在展开了一场大论战,直到洛阳二里头遗址被发现。

敲黑板

- 信史的判定标准
- 从禅让制到王位世袭制的转变
- 关于夏朝是否存在的讨论

  传说中蕴含着丰富的历史信息，但传说本身并不等同于历史，至少不是信史。所谓信史就是确凿无误、真实发生过的历史。

  我们判断一段历史是否为信史，需要有明确依据，最理想的状态是：相关的文字记载和考古发现可以互相印证。比如商朝历史就是这样，但这往往可遇不可求。如果没有文字记载而有考古发现，那么我们认为它具有真实客观性；如果没有考古发现而只有文字记载，那么我们对这段历史就要持比较慎重的态度，夏朝的历史就属于这种情况。

  夏朝一直以来都被认为是中国历史上的第一个王朝。根据近年来夏商周断代工程的研究，我们得知：夏朝大约在公元前2070年建立，在400多年的时间里，一共有17位后（夏朝统治者在位时称"后"，去世后称"帝"）。古代的《竹书纪年》《左传》《史记·夏本纪》里都有对夏朝的记载。

  夏王朝的建立者就是历史上大名鼎鼎的禹。他通过禅让制获得了权力。传说，禹在年老时也按照传统的禅让制，举荐皋陶（Gāo Yáo）作为自己的继承人。但是，不久皋陶死了，禹又推荐东夷族的伯益作为继承人。然而禹不给伯益实权，伯益不仅得不到锻炼，而且无法在民众中树立威信。相反，禹把实权交给了自己的儿子启，让启的亲信也掌握了权力。禹死后，伯益按照过去的传统，让各氏族、部落来决定由谁继位。由于伯益的威望和权力都不及启，启轻而易举地继承了王位。后来，伯益率东夷军队打败了启，将启俘获，囚禁起来。不过，启成功出逃，之后重新组织军队，向伯益发起反攻。最终，启把伯益捉住并杀掉，正式继承了王位。还有一种说法是：禹死后，伯益主动让位于启。

从此，最高权力就只在一个家族内部传承，王位世袭制代替了禅让制。

白捡的知识

有人说启的王位是抢来的

据《史记·夏本纪》记载，"益（禹晚年培养的接班人）让帝禹之子启"，益主动将王位让与启。而《战国策·燕策一》记载"启与支党攻益，而夺之天下，是禹名传天下于益，其实令启自取之"，即启勾结自己的党羽攻击伯益，夺取了王位。

虽然目前还不能确定启是如何继承王位的，但多种说法的存在，侧面反映了从公天下的禅让制到家天下的世袭制的转变过程并非一帆风顺。

什么是"二重证据法"

"甲骨四堂"之一王国维曾提出"二重证据法"，他认为"吾辈生于今日，幸于纸上之材料外，更得地下之新材料"，强调"纸上之材料"（传世文献）与"地下之新材料"（出土文献）互证的历史研究方法。

> 留下你的思考

桀（jié）是夏朝的最后一个君主。他骄横暴虐，是历史上有名的暴君。桀在其统治期间大兴土木，修建宫殿、台榭，大肆挥霍。为了牵制商部落，桀用武力逼迫东方诸部落前来朝贡，没想到却招致更大的反叛。

桀奢侈腐败，残杀异己，宠爱妹喜，征发诸侯，多行不义，最终陷入众叛亲离的境地。桀曾自比为太阳，民众则咒骂他说："什么时候你这个太阳灭亡啊，我们愿意与你同亡！"这时，东方的商部落日益强大，首领汤陆续灭掉夏的属国葛、韦、顾和昆吾等，最后与桀展开决战。桀败逃，死于南巢（今安徽巢湖市西南），夏朝灭亡。自禹至桀，夏朝存在了400多年，一个经历了400多年的大国为何最终被后起的商部落消灭，这值得人们深思。

古史书籍中对夏朝的记载寥寥无几，很难证明夏朝确实存在过。我们翻开《史记》就会发现，《夏本纪》只对夏朝的建立与灭亡有相对比较详细的叙述，而其他部分基本上只记载了夏王的姓名世系。可见，与夏朝有关的资料是非常匮乏的。所以生活在春秋时期的孔子就曾经慨叹："夏礼，吾能言之，杞不足征也……文献不足故也。足，则吾能征之矣。"位于今河南的杞县曾经是杞国的所在地，杞国国君被认为是禹的后代，但孔子认为，由于文献不足，夏朝的后代杞国的礼仪制度不能证明夏朝的礼仪制度。因此，杞国的存在也不能证明夏朝的存在。

在古代，人们对夏朝的存在基本没有异议，但到了20世纪，一批追寻真理的知识分子在西方现代治学方法的熏陶下，以"离经叛道"的反传统精神，开始对国史典籍进行全面的梳理和探查，形成了以顾颉（jié）刚先生为代表的"疑古派"。他们系统地对先秦古史的主要说法逐条批驳，认为后人奉为金科玉律的很多传统古史书籍都是古时儒生们伪造的，这导致史学界围绕古代史料的真伪问题展开了一场大论战，夏朝是否真实存在的问题也被提了出来。

1959年，著名古史学家徐旭生为了探索夏王朝，率领考古队，对他认为最有可能找到夏文化遗存的区域进行了一场考古调查。就是在这次调查中，人们发现了堪称20世纪中国考古界最重大发现之一的二里头遗址。

徐旭生

白捡的知识

疑古派

以顾颉刚为代表的"疑古派"曾编写七卷《古史辨》，顾颉刚提出"古史层累地造成说"、先秦古史书籍多为伪造等观点，冲击了旧有观念。

顾颉刚认为周人心目中最早的人王是禹，到孔子时开始有尧舜，到战国时有黄帝神农，到秦时三皇出来了，汉以后才有所谓"盘古开天辟地"的传说。

夏朝存在的相关证据

文献记载

传世文献和金文：《史记·夏本纪》等史书中有关于"夏""禹"的相关记载。如《竹书纪年》载："自禹至桀十七世……用岁四百七十一年。"《尚书·召诰》载："我不可不监于有夏，亦不可不监于有殷。"春秋时期齐国的青铜器叔夷镈的铭文也有关于"夏""禹"的记载。这说明夏朝和禹的存在有一定历史依据。

文献中还记载了夏朝的国家框架：夏王是最高的统治者，称为"后"。夏朝中央设有主管行政、军事、司法和宗教的机构和职官。除对夏后氏生活的地区直接统治外，夏朝对其他地方主要通过控制一些部落实行间接统治，对地方的控制有限。

留下你的思考

　　二里头遗址位于河南洛阳盆地东部的偃师市境内,其年代分布为公元前1750年—前1500年,与古文献中夏、商王朝部分时期重合。在这里,考古学家发现了中国古代最早的城市干道网、最早的宫城遗迹、最早以中轴线布局的宫殿建筑群遗迹、最早的青铜礼乐器群、最早的青铜近战兵器、最早的青铜器铸造作坊、最早的绿松石器作坊,以及中国最早使用双轮车的证据。同时,这里还是公元前2000纪前半叶最大的中心城市,在该遗址中发现了大型"四合院"建筑遗迹、玉器、龙形文物、白陶和原始瓷

绿松石龙形器

绿松石龙形器出自二里头遗址,其上带有铜铃,是二里头遗址的重大发现之一,它说明当时人将龙作为图腾来崇拜。此物龙头向西北,尾巴朝着东南,反映了"乘龙升天"的观念。

等，这些都是我们所熟知的文化元素。

二里头遗址的发现，极大地丰富了我们对古代社会的认知，然而它仍然不能作为夏朝确实存在过的直接证据，因为该遗址中缺少一个非常重要的元素——当时的文字。也就是说，我们不能直接宣告二里头遗址就是夏朝的文化遗存。学者们也为此争论不休：有人认为这就是夏文化；有人认为这可能是夏文化，也可能是商文化。大家众说纷纭，莫衷一是。

有一分证据说一分话，有九分证据不能说十分话，我们只能做出如下判断：公元前1750年—前1500年，我们的先民在华夏大地上的确曾创造出了高度发达的古代文明，二里头遗址的发掘就是明证，而长期存在于古史记载中的夏王朝的神秘面纱，仍然有待揭开。

白捡的知识

夏朝存在的相关证据

考古发现

20世纪50年代末，考古人员于河南偃师二里头村发现了二里头遗址。虽然无法确定这里是不是夏王都，但至少应该是夏朝中晚期的一个重要城市。除此之外，在豫西、晋南等地区，也有一些夏文化遗址，这些遗址的晚期和商朝早期二里岗文化相接，有学者认为这为夏朝的存在提供了考古学依据。

2021年，考古学家又在与偃师相邻的巩义双槐树发现了一片"经过精心选址的都邑性聚落遗址"，其规模之大，等级之高，都位列同时期之最。研究者在这儿发现了9个陶罐摆放的"北斗九星"图案遗迹，而北斗九星斗柄的指向正好与冬至方向吻合。显然古人在为这座很有"首都气质"的城选址时非常慎重。目前，人们暂且把这座5300年前的城邑称作"河洛古国"。也许它和夏朝有什么关系？请耐心等待考古学家们的成果吧。

思维导图

夏朝真的存在吗

- 信史的判定标准
  - 所谓"信史",指确凿无误、真实发生过的历史
  - 相关的文字记载和考古发现可以互相印证

- 从禅让制到王位世袭制的转变
  - 禹的儿子启继承了王位

- 关于夏朝是否存在的讨论
  - 文献记载
  - **考古发现:** 二里头遗址
  - 有待进一步的考古发现和研究以证实

发散思考

在历史学家看来,还有哪些材料可以作为证明夏朝存在的证据?

第三章
在甲骨上写字的王朝

○ 清朝末年,在河南安阳市西郊洹河岸边一个叫小屯的村里,村民经常在田间地头挖出一些碎骨片。最初,他们并不在意,把这些影响庄稼生长的骨片随手丢弃了。他们不知道这正是打开3000多年前那个神秘王朝大门的钥匙。

敲黑板

· 甲骨文的价值
· 商朝的青铜器

夏朝是否真实存在过，还有待进一步的考古发现和研究以证实。但是，夏朝灭亡之后的商王朝是确凿无疑存在过的。

古代文献中关于商王朝的文字资料不是很丰富，即使是在对商王朝历史记录得最多的《史记》中，关于商王朝的部分总共也只有2000多字。

商王朝的第一位王叫汤。汤于公元前16世纪初建立了自己的国家，定都亳（bó）（今地可能为河南商丘市东南、河南商丘市北或河南偃师市西）。商王朝一共经历了30位王，它的都城经常迁徙，公元前14世纪晚期，商王朝的第19位王盘庚迁都于殷（今河南安阳市西北小屯村一带），自此，商王朝的都城固定下来，不再迁徙。

河南安阳市西郊洹（huán）河岸边有一个叫小屯的村子，清朝晚期，这个地方的村民经常在耕作中从地下挖出一些碎骨片。最初，他们并不在意，把这些骨片随手丢弃了。后来，当地有传闻说这些骨片其实就是所谓的"龙骨"，可以入药、治病，于是人们就把这些碎骨片收集起来，卖给中药铺。从此以后，这些所谓的"龙骨"就被源源不断地从地下挖出，具体有多少，谁也说不清。

1899年，北京城里一位叫王懿荣的官员得了病，于是他派人到宣武门外菜市口鹤年堂（一说是达仁堂）药店抓药。王懿荣在查看买回的中药时，发现其中一味药是"龙骨"，这些所谓的"龙骨"其实是龟甲或兽骨的碎片，令他惊讶的是

白捡的知识

殷和商，傻傻分不清

商是起源于东方的一个部族，主要在冀南、豫北、豫东、鲁西地区活动。商朝建立后，自商汤至盘庚曾5次迁都。自盘庚迁都到殷，一直到纣王亡国，商一直以殷为都城，所以后世也称商为殷或殷商。

对，就是那个写《老残游记》的刘鹗

王懿荣发现甲骨文不到1年，八国联军侵入北京，王懿荣以身殉国，其收藏的甲骨文多归于刘鹗。1903年，刘鹗从他收藏的5000多片甲骨中精选1058片，编成《铁云藏龟》6册，这为甲骨文的研究提供了宝贵资料。

留下你的思考

这些碎片上有很多刻上去的符号。王懿荣不是一般人，他不仅是国子监祭酒——当时中国最高学府的掌门人，还是一位金石学家，有极深的古文字造诣。他本能地意识到这些符号并不是胡乱刻上去的，它们一定有特殊的含义。于是他就派人去鹤年堂买回更多的"龙骨"进行研究。经过一番研究，他认定这些符号是商朝的文字，而这些文字就被称作"甲骨文"。后来，更多的中外学者陆续加入研究甲骨文的行列中。

大学者王国维一直致力于甲骨文的研究，他根据甲骨文记载的内容整理出了一份商王世系表，通过对比，他发现这份世系表和《史记·殷本纪》中的记载惊人地相似。这说明《史记·殷本纪》的记载不是凭空杜撰的，商朝的确存在过。

既然这些甲骨大多被发现于河南安阳地区，那么这个地区和商朝一定存在着密切的联系。从20世纪20年代开始，董作宾、李济、梁思永等著名学者先后对这个地区进行了考古发掘，陆续在该地区发现了王陵和大型甲骨坑的遗迹。这片遗迹被认为是盘庚迁都后，商朝的新都城——殷的遗迹，这片遗迹也因此被称为殷墟。甲骨文为我们深入了解商王朝提供了异常丰富的信息。

商朝是一个创造了高度发达的文明的王

王国维

第三章 在甲骨上写字的王朝

朝。下面从两方面进行说明。

一是内涵丰富的甲骨文。

甲骨文记载的内容是卜辞，卜辞是关于占卜的文字。

《礼记》记载，殷人尚鬼。商朝人特别崇拜鬼神，当商王需要做出决定或者希望预知未来可能发生的福祸事件时，通常会用甲骨来祈求祖先或神灵的帮助。这些占卜的事项会被记录在甲骨上，比如祭祀、战争、田猎、疾病、风雨等。这些内容是了解商朝的宝贵的历史资料。

甲骨文是一种很成熟的文字，是汉字的前身，只不过由于年代久远，后来的汉字字形变化太大，以至于我们基本上无法识认当年的甲骨文了，但这不意味着甲骨文是一种"死"文字。所谓"死"文字，不仅意味着这种文字人们已经不认识了，而且意味着人们已经不再使用它了。世界上的"死"文字有很多，比如古代埃及的象形文字、古代两河流域的楔形文字等，这些都是"死"文字。

汉字有6种基本的造字方法，即象形、指事、会意、形声、转注、假借，而这些造字方法在甲骨文中基本都已经出现了。从

《甲骨文合集》32384

王国维根据《甲骨文合集》中的32384和32385，写出《殷卜辞中所见先公先王考》《殷卜辞中所见先公先王续考》，印证了《史记·殷本纪》的部分说法，确认了商朝的存在。

这个意义上说，甲骨文还活着，只不过以另外的形式活着。

汉字历经数千年的风雨变迁，直到今天依然为我们所使用。它不仅被中国十几亿人使用，还对日本、韩国等国的文化产生了重要影响。文字是文明的重要代表，汉字的使用，恰恰说明了中华文明的一个显著特点——延续性。

到目前为止，考古学家已经发现了约5000个甲骨文单字，其中约1000个字已被学术界成功释读并得到公认，此外还有500个字的释读结果尚未达成共识。比较容易的字都已经被释读了，新文字的释读难度越来越大。

在当今，如果谁能正确解释一个甲骨文单字，立刻就可以扬名天下。如果年轻的读者有志于此，不妨参与到这个艰难而又有意义的"解密"工作中。

二是耀眼的青铜文明。

在以殷墟为代表的商代文化遗存中，青铜器是最亮丽的一道风景线，后母戊鼎（原称"司母戊鼎"）是青铜器中最杰出的代表。这座鼎于1939年被河南省安阳市武官村的一个农民偶然在农田中发现。因为1939年正值抗日战争时期，当地村民怕大鼎落到日本侵略者的手里，于是又将它掩藏起来。直到1946年，后母戊鼎才重见天日。

后母戊鼎是商王为祭祀母亲所铸，重832.84千克，高1.33米，是迄今为止世界上出土的最大、最重的青铜器。据科学家分析，如此巨大的青铜器需要二三百人分工协作才能铸成，这充分显示了商朝青铜铸造业的高超技艺。

除了青铜铸造业，考古发现，商朝的玉器制造业、制陶业和制骨业等也达到了较高水平，这说明商朝的社会经济已经达到了较高的发展水平。

商朝人笃信鬼神，经常用动物做祭品，奉献于祖宗或神灵之前，他们把这些祭品称为"牺牲"。被杀戮的生灵除了牛、马、羊、犬、鸡等各种动物，还有人。以人为祭品分为"人殉"和"人祭"两种情况，"人殉"通常发生在埋葬死者的时候，"人祭"通常发生在祭祀的时候。

在殷墟一座王陵的墓道里，考古学家发现了73个被砍下的人头，59具无头人骨架，在墓室中又发现了11名殉人。被当作殉人的不仅有青年男性，还有女性和儿童。在王陵区的祭祀坑中，人祭总数估计在万名以上。考古队甚至曾在殷墟王陵区的祭祀坑中发现了装有人头的青铜甗（yǎn）（青铜蒸煮器）。当时，考古队员以为青铜器中装有人头只是偶然，可能是被砍下的人头偶然掉进了被一起埋葬的青铜器中，但十几年后又出土了内部装有人头的青铜甗，这引起了考古队员的怀疑。经过研究，学者们认为，商人在战胜敌对部族后，很有可能会将对方首领的人头放在青铜器中蒸煮。

思维导图

在甲骨上写字的王朝

- **甲骨文**
  - 清朝末年，王懿荣发现甲骨文
  - 记载内容：
    卜辞（关于占卜的文字）
  - 汉字造字方法：
    象形、指事、会意、形声、转注、假借

- **青铜器**
  - 后母戊鼎（原称"司母戊鼎"）是青铜器中最杰出的代表

发散思考

商朝有刻在甲骨上的文字，有以青铜铸造业为代表的高度发达的青铜文明，但同时，商朝也带有早期文明残忍野蛮的特点。商朝的哪些特点让你印象最为深刻？

第四章
小部落为何能灭掉大王朝

○商朝的最后一位王是纣，他是历史上有名的暴君。传说纣因为残暴大失人心，很多原来依附于商朝的部落后来都与他离心离德。西方的周部落趁机而起，取而代之。对于商朝的覆灭，有人认为是因为商忙于对东夷族以及周围诸方国发动战争，纣王无暇西顾，让周得以崛起；也有人认为是因为最后一位王不重视祭祀而使自己失去了支持……那些酒池肉林、炮烙剔心的故事到底是确有其事还是周对前朝文明的清洗？这其中有几分可信？

敲黑板

· 周灭商的原因
· 周人的天命观

相对而言，商王朝的文明程度在那个时代是较高的，具体体现为汉字结构已经基本成形、青铜器的冶炼和铸造都相当成熟等。然而，在持续了554年后，商朝却被比自己小得多的周部落灭掉，这不禁令人扼腕叹息。那么，周为什么能灭掉商呢？从中我们可以找到哪些影响朝代更替的原因呢？

商朝最后一个王是纣，他是历史上有名的暴君。因为神魔小说《封神演义》曾多次被改编为影视剧，所以大家对于纣王宠幸妃子妲己、兴建酒池肉林等故事比较熟悉。

据《史记》记载，纣"知足以距谏，言足以饰非"。这句话的意思是，纣的智谋足以拒绝别人的规劝，言辞足以掩饰自己的过错。他臂力过人，可以赤手空拳和猛兽格斗。他荒淫残暴，反对他的人往往会被他用酷刑处死。

我们从下面两个事例中可以看出纣的昏庸和残暴。

一位妃子不善于讨他欢心，他居然把这个妃子和她的父亲都剁成了肉酱；纣淫乱不止，一位名叫比干的亲贵屡次劝谏他，纣发怒道："我听说圣人的心有七窍，果真如此吗？"说完之后，他命人把比干的心挖出查看。

纣的残暴，使他大失人心，很多原来依附于商朝的部落后来都与他离心离德。西方的周部落趁机而起，决心取而代之。

周部落一直是商的属国，其活动范围在今天陕西岐山一带。在文献中，商被称为"大邑"，周部落被称为"小邑"，可见周和商之间存在着较大的实力差距。

那么，周部落是如何让自己足以与商抗衡的呢？

首先，周部落注重农业生产，农业生产总量的提高使其经济实力得到很大提升。再者，周王室重用贤臣，善于纳谏，群贤中最有名的就是姜尚（因其字子牙，人们也称他为姜子牙）。

白捡的知识

民本思想启蒙

《尚书·酒诰》记载："人无于水监，当于民监"。夏商覆亡的历史教训使得西周统治者认识到，统治者要重视自身的道德修养，保护人民。这反映了西周统治者从重神观念向重人观念的转变，而这一转变对中国历史上民本思想的产生有重要影响。

禁

西周有一种特殊的青铜器，叫"禁"。周人认为，嗜酒无度是夏、商两朝亡国的重要原因。鉴于此，周发布了中国最早的禁酒令《酒诰》，其中规定：王公诸侯除了祭祀，不准饮酒；民众聚饮，会被押解京城处以死刑；不照禁令行事的执法者，同样治以死罪。在这种情况下，王公诸侯虽在祭祀时可以饮酒，但为了警示自己"饮酒不要贪杯，以免因酒误国"，他们把放酒器的几案取名为"禁"。

留下你的思考

　　周部落能灭商还因为他们懂得伺机而为，在最合适的时机到来之前，隐藏自己的实力。姜尚为周文王出谋划策，让他表面上臣服于商，暗地里则积极准备灭商。周部落分化、瓦解商的附庸，扩大自己的地盘，这使周部落的实力迅速提升。对于周部落的迅速崛起，商纣王也有所提防。他曾经把周文王囚禁在羑（yǒu）里（今河南汤阴北），后来周部落向纣王献上大批名马、美女、珠宝，纣王才释放了周文王。

　　在周文王在位的50年间，周部落已经为灭商做了充分准备。周文王死后，他的儿子姬发继位，姬发即后来的周武王。周武王统治的第十一年，周部落对商王朝发起了总攻。这场战役就是中国历史上著名的以少胜多、以弱胜强的"牧野之战"。在牧野之战中，周武王率领的周师只有战车300辆，虎贲（bēn）（勇士）3000人，甲士45000人，而商军据说有17万（一说70万）人，但整个战役仅历时一天，就以商王朝大败结束。商纣王跑到堆满了金银财宝的鹿台上，纵火自焚而死，商王朝也随之覆灭。

何尊
宝鸡青铜器博物院藏

第四章　小部落为何能灭掉大王朝

何尊铭文拓片

何尊是西周早期周成王时期的青铜器，内有铭文："惟武王既克大邑商，则廷告于天曰：'余其宅兹中国，自之乂民。'"意思是周武王在灭商后，举行仪式报告上天："我居住在天下的正中，统治了这些百姓。"这是目前所见"中国"一词最早的实物见证。这里的"中国"是一个地理概念，指国之中央。

在当时的人看来，最初方圆不过百里的周部落能战胜拥有广袤国土的商王朝是因为"天命靡常，惟德是辅"。这两句话的意思是：天命是会发生变化的，上天只会帮助有德行的人。

"天命"是什么？为什么我们那么看重天命的变更？英语中表

> 留下你的思考

达感慨的句子是"Oh my god",汉语中类似的表达方式就是"我的老天爷""我的天啊"。在中国古代的文化环境中,"天"具有至高无上的权力,居于绝对主宰地位,相当于西方的上帝。"天"既然是至高无上的神,那么所有人都要服从他。统治者之所以能统治万民,也是因为有"天"的允许,是为天命。

但是天命是会改变的。如果统治者违背了天意,天命就会发生转移,这就是所谓的"革命"。在古代,革命的意思就是变更天命,而天命的改变,对应着政权的更迭。《诗经》里有一句诗,"周虽旧邦,其命维新",就是说周虽然是一个很古老的邦国,但是它禀受的天命却是新的,所以它能焕发出全新的气象,最终取代商王朝。

龙纹玉璜
故宫博物院藏

西周玉器。该玉璜呈半环形片状,左右上端各有一穿孔。对称纹饰两神龙,左右互望,口吻大张,前肢屈折,足爪向上勾转,尾部在中央重叠交缠,是西周玉璜的典型形制。玉璜是佩玉的主要构件,西周盛行这种玉佩,与"君子比德于玉"的伦理准则和社会习俗有密切关系。

第四章　小部落为何能灭掉大王朝

为什么天命先偏向商，后来又落到了周呢？天命变更的原因是什么呢？那就是统治者是否有"德"。

我们从商汤灭夏、武王灭商来看统治者德行的重要性。

据说商王朝的建立者汤是一位有德行的人，我们现在常说的"网开一面"就与汤有关。

有一天，汤看见一个人张开四面网，正在捕鸟，捕鸟的人说："天下四方所有的鸟都进到我的网里来吧。"汤认为这样太残忍了，于是他撤去三面的网，只留一面，说："鸟儿们想向左飞就向左飞，想向右飞就向右飞，运气不好的，就进到网里来吧。"诸侯们听到这件事后，说："汤的德行真是高尚啊，连禽兽都考虑到了。"于是他们都服从汤，而夏桀残暴失德，所以被商取代。

商朝末年，情况发生了变化，有德行的人变成了周部落的姬昌和姬发，也就是后来的周文王和周武王。据说周文王治理国家非常公平，所以附近的诸侯之间有争端都找周文王来调解。有一次，虞和芮这两个地方的人来找周文王调解纠纷，进入周的疆界后，他们发现这里民风淳朴谦和、人们尊老爱幼。虞人和芮人自觉惭愧，说："我们所争的，恰恰是周人所不屑的。我们再去打官司，是自取其辱。"于是他们就回去了。周边的诸侯听说之后，都认为"文王受命"，即天命已归于周了。

对于这个问题，周人是怎么判断的呢？其实，周武王在正式发兵灭商之前两年，曾经在盟津（今河南省洛阳市孟津区）大会诸侯，很多诸侯自发参加，有800多人出席。当时很多人都劝周武王去讨伐商纣，但是周武王很谨慎，认为"未知天命"，于是还师回朝。后来，纣王愈发残暴，比干勇敢进谏，被纣王剖心而杀，很多大臣也都逃跑了。周武王觉得时机成熟了，便兴兵伐纣。

> 留下你的思考

可见，商汤和周武王之所以能战胜夏桀和商纣，是因为他们得到了"天命"，而他们之所以能得到"天命"，是因为他们有德。所以《易经》中有一句话："汤武革命，顺乎天而应乎人"。

所以，围绕周人的"天命"观，可以归纳出以下两点：

第一，统治者治国的举措必须符合约定俗成的道德标准。

第二，上天对人间秩序有监督和裁判的权力。

在中国历史上，这些观点是前所未有的突破。这是第一次用"天命"的观点和理论来解释政权建立的合法性。某一政权的合法性来自基于道德性的价值判断，而上天又对此有裁判权，所以统治者必须肩负起上天赋予的道德责任。

后来，这种理论在很长一段时间里成了古代统治者解释政权合法性的理论基础。可以说，在之后近3000年的时间中，每逢王朝更迭，这种理论就会被用来解释新政权代替旧政权的合法性。比较有名的例子是王莽和曹丕，在他们分别以禅让的形式成为最高统治者时，他们都用"天命"来解释自己的行为。

统治者仅仅受领了"天命"是不够的，还要守住"天命"。周人为了维护统治，曾经创造并发展了很多重要的制度，这些制度在中国历史上也留下了深刻的印记。

思维导图

小部落为何能灭掉大王朝

- **周灭商**
  - 原因：纣的残暴，使他大失人心；周武王重视农业生产，发展经济，重用贤人，隐藏实力，伺机而动
  - 武王伐纣，牧野之战，商朝灭亡

- **周人的天命观**
  - 统治者治国的举措必须符合约定俗成的道德标准
  - 上天对人间秩序有监督和裁判的权力

发散思考

历史上除了王莽和曹丕，还有哪些君王和变革者是利用天命思想来稳固政权的？

第五章

王位继承为何立长不立贤

○周取代商之后如何治理自己的国家?「封建亲戚,以藩屏周。」这几个字是什么意思?「封建」一词又是从何而来?「礼乐治国」,用礼仪和音乐怎么治理国家?答案都在这一章里。

敲黑板

· 分封制
· 宗法制
· 家国同构

周消灭了拥有广袤国土的商，建立了周王朝。这时的周王既高兴，也犯难。周取代商王朝后，周王朝需要管理的土地和人口突然多了许多，这为周王室带来了更多的收益，但与此同时，随着土地和人口数量的增多，相应的问题也成倍升级，周武王和先祖都没有这方面的经验，该怎么做才能让王朝长治久安呢？

在当时，这个问题的答案是 8 个字：封建亲戚，以藩屏周。这 8 个字的意思是：国君把与自己有血缘关系的贵族们分封到各地，贵族们在当地建立并管理诸侯国，以保卫周王室。这涉及西周最重要的政治制度——分封制。

分封制的开创者是周武王和他的弟弟周公。灭商以后，周武王遇到的最大难题就是如何处理商朝遗民。有人主张把他们统统杀掉，以绝后患，但是周武王没有这么做，他最终采用了周公的建议，把商纣王的儿子武庚分封在原先的商都，用这种办法来笼络商人。当然，对商人除了笼络，还需要监督。于是周武王把自己的3个弟弟管叔、蔡叔和霍叔分封在附近，让他们共同监视武庚，称为"三监"。这其实就是分封制的开始。

过了不久，武王去世，他的儿子周成王继位。成王年幼，由周公辅政。管叔、蔡叔对此不满，散布周公打算谋害周成王的谣言，并联合武庚一起举事。周公在稳定内部后，亲率大军东征，经过3年的苦战，最终平定叛乱。平叛以后，周公并没有因此推翻分封制，反而继续推行分封制。这样，全国逐渐形成了分封的格局。

所谓分封，即周王把王族、功臣或贵族分封各地，让他们建立封国以统治本地区民众。在这种制度下，周王直接控制的范围只有"王畿（jī）"地区。所谓王畿，就是以首都镐（hào）京（今陕西西安市长安区西北）为中心而划出的一块广大的土地，据说方圆千里，而其他地方均由被分封者代表

白捡的知识

什么是"封建"

分封制度在上古时被称为"封建"，意为"封邦建国"，即分封土地，建立国家。其中的"封"指划定疆域。"封"的操作方法为：由天子派人在国与国之间的国界犁出一条沟，把沟里的土翻上来，于其上种树。"建"指任命国君。

分封在周灭商时便已出现，但那时还没有形成有效的制度，大规模分封开始于周公东征之后。

在诸多"封建"事件中，姜太公的故事很有名。根据史书记载，姜太公被封于齐，征服了当地的"莱夷"。于是"太公至国修政，因其俗，简其礼"。周公长子伯禽受封于鲁，亦"变其俗、革其礼"。

通过这段史料，我们可以认为分封制促进了文化整合。

> 留下你的思考

康侯丰方鼎内铭文
台北故宫博物院藏

康侯丰方鼎腹内壁铸有两行6字铭文：康侯丰（封）作宝尊。封为人名，指康侯，是周文王第九子、武王的最小弟。据考证，康侯丰方鼎为西周早期成王即位之初，武王弟康侯铸作以陈祀宗庙的礼器。

周王进行统治。

哪些人具有被分封的资格？总体来说有三类：第一类是王族，第二类是功臣，第三类是贵族。

所谓王族，就是和周王室有血缘关系的那部分人，他们占的比重最大。据说周一共有71个分封国，其中同姓贵族的分封国就占了53个，比如位于今天山西一带的晋国、位于今天山东南部的鲁国，都是同姓贵族的分封国。通过这样的策略，周王室确保了自身对国家的控制。功臣就是那些在灭商过程中立过大功的人，最典型的是鼎鼎大名的姜太公，他的封地是位于今天山东东部的齐国。贵族则主要分 4 种：异姓功臣贵族、同姓王室贵族、古代帝王后代和边远氏族部落首领。

同姓王室　异姓功臣

古代帝王后代　边远氏族

具有被分封资格的贵族

白捡的知识

礼乐治国

礼　从有贫富差距就开始形成，到周朝才正式定型。简单地说，礼乐制度是对不同等级贵族日常政治、社会生活的礼仪规定。它要求贵族在衣食住行等方面的行为要符合其身份，以区分尊卑亲疏。比如周天子的歌舞队可用 64 人，列成 8 行，称八佾（yì）；诸侯 36 人，列成 6 行，称为六佾；卿大夫用 16 人，列成 4 行，称为四佾；士用 4 人，列成两行，称为二佾。

乐　早在部落时期，人们不但已经会用骨头、陶、植物等做乐器，还创造了音律。至少在商朝时，乐已经是祭祀的重要部分。周朝时，乐被升华成了一种针对不同阶级享用的不同待遇。

> 留下你的思考

周王室如何控制这些封国呢？换句话说，周王和诸侯各自的权利和义务分别是什么呢？

诸侯对周王要履行各种义务，比如定期朝觐、缴纳贡赋，周王发兵打仗时，诸侯必须率领部队听候周王调遣等。在周王的绝对权威下，如果诸侯不履行义务，就会遭到惩罚，而如果受封的诸侯服从周王室的管理，就可以获得土地、人口和诸侯国内的统治权力。

周朝的分封制，是在周王室自身力量有限，无力对地方进行直接控制的情况下，有效维护政治稳定、扩大疆域的一种手段，同时也是周文化的拓展。此前，各地有大量的部落，这些部落都有自己的文化，而各分封国对属地逐渐加强统治的过程，实际上就是周文化在各地施加影响的过程。随着时间的发展，周朝逐渐完成了文化的整合与统一。有的学者这样打比方：这个过程就像抛手榴弹，抛到哪里，哪里就炸开一朵花。近代国学大师钱穆先生曾说过："周人封建，亦由当时形势之实际需要逐步逼拶（zā）而成，同时亦是周民族对于政治组织富于一种伟大气魄之表见。"

随着分封的展开，又产生了一个新问题：这些层层分封的权力如何继承？

在日常生活中，我们经常看到因遗产继承问题而引发的种种纠纷，很多家庭成员因此关系破裂，甚至反目成仇。在分封制中，被继承的"遗产"价值更大，这些遗产是不可分割的权力、人口和土地，如果缺乏明确的标准和严格的制度，每一次权力的更迭都有可能引发一场骨肉残杀的战争。白居易说得好，"无情最是帝王家"。

对此，周王室的解决方案是宗法制。宗法制的基本原则是嫡

第五章　王位继承为何立长不立贤

长子继承王位或封地。

具体来说，周王的诸多儿子中，只有嫡长子有继承权，其余的儿子均被封到地方做诸侯。诸侯的位置也由诸侯的嫡长子继承，其他的儿子便成为诸侯国中的卿大夫。卿大夫的位置由自己的嫡长子继承，其他的儿子便成为士。士的位置由嫡长子继承，其他的儿子便成为庶人。这就是"立嫡以长不以贤，立子以贵不以长"。

很多人看过《红楼梦》，小说中贾政的妻室和妾室都生了儿子，正妻王夫人生的贾宝玉就是嫡子，侧室赵姨娘生的贾环就是庶子。贾宝玉的继承顺位远远先于贾环。按《红楼梦》的设定，贾宝玉的年纪比贾环大，即使贾环的年纪比贾宝玉大，仍然不能改变贾宝玉的优先继承权，因为他是嫡子。

如果嫡长子不适合继承国家怎么办？这样的例子一点儿都不少，历史上，有过昏庸无道的皇帝、残忍暴虐的皇帝、智力低下的皇帝，还有过精神异常的皇帝。那么，仅按照所谓的血统和出身决定继承权，这种制度真的合理吗？

我们不妨站在统治者的角度设想一下，如果把继承标准改成"立贤、立德"会怎么样呢？这就会产生新的问题：贤德的标准不是客观的，是主观的，这会出现不同的判断依据，同时我们要注意一点，贤德是可以作假的。嫡长子继承制度，至少确立了一个客观的、操作性强的标准，虽然这种制度不能根绝阴谋，不能根绝骨肉相残，但是它至少可以成功地避免更多的阴谋和骨肉相残。

在分封制下，西周贵族集团形成了一个很有意思的体系，即周王→诸侯→卿大夫→士。这个体系由权力和资源联结，同时依靠血缘关系维系。上下级之间不仅仅存在政治关系，也同时存在血缘关系。具体来说，诸侯必须服从周王，这不仅仅因为在政治

留下你的思考

上，周王是自身权力的来源，也因为周王在血缘上是"家长"，是大宗，而诸侯是小宗。这样，国家的政治关系和家族的血缘关系合而为一，就是"家国一体"，或者叫"家国同构"，即国家和家族的结构是一样的——国是放大的家，家是缩小的国。

西周的分封制，在相当长的一段时间中确实保证了政局的稳定。但是分封制也有它的缺点：它得以维系的必要前提是周天子对诸侯拥有绝对权威，由于诸侯在自己的分封国内有很大的独立性，一旦这个前提不存在了，这套制度就会难以避免地走向衰落和崩溃。

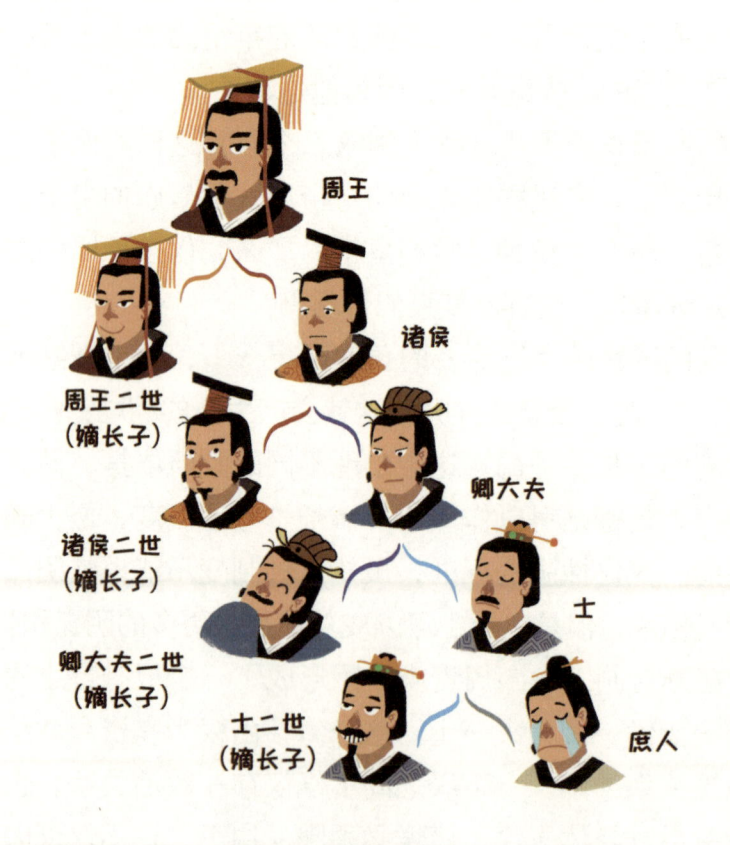

西周宗法制示意图

思维导图

王位继承为何立长不立贤

- **西周的分封制**
  - **目的**：
    拱卫王室，建立有效统治
  - **具有被分封资格的人**：
    王族、功臣、贵族
  - **诸侯的权利**：
    建立封国以统治本地区民众
  - **诸侯的义务**：
    诸侯对周王定期朝觐、缴纳贡赋；周王发兵打仗时，诸侯必须率领部队听候周王调遣等

- **西周的宗法制**
  - **解决问题**：
    层层分封的权力如何继承
  - **谁来继承**：
    嫡长子

- **家国同构** —— 国家的政治关系和家族的血缘关系合而为一

发散思考

我们了解了西周的分封制和宗法制，以及这套制度实行的背景、基本内容和结构、产生的影响，还有两者之间的关系。请你说说中国历史上嫡长子继承的成功案例和失败案例。

第六章 "烽火戏诸侯"是真的吗

○"专利""共和"这两个给人感觉非常现代的词其实早在2000多年前就出现了，出现在周王朝命运的转折点上。

在这一章中，你将读到西周是如何丢掉自己的大本营，东迁洛阳，建立东周的。

敲黑板

- "烽火戏诸侯"的真实性
- 西周的衰亡

  提到西周的衰亡,很多人会想到周幽王"烽火戏诸侯"的故事,因为这个故事实在太有名了。按照《史记·周本纪》的记载,西周的末代君主周幽王本有一位太子叫宜臼(jiù),宜臼的母亲是王后,也是姜姓诸侯国国君申侯的女儿。后来,幽王宠爱一个叫褒姒的妃子,为了褒姒,他废掉了申后和太子。宜臼被废后,来到申国投奔外祖父。之后,幽王立褒姒为后,立褒姒生的儿子伯服为太子。

  褒姒不爱笑。为了博她一笑,周幽王想了一个馊主意:点燃烽火,召唤诸侯。诸侯看到烽火以为外敌入侵、天子有难,纷纷带兵驰援。周幽王和褒姒则居高临下,欣赏这场闹剧。和周幽王设想的一样,褒姒果然笑了。诸侯弄清真相后,怒火中烧,纷纷归去。后来,申侯联合缯(zēng)国和西部犬戎攻打西周都城镐京,周幽王再点烽火召唤诸侯,结果无人前来救助。犬戎攻破镐京,幽王被杀。

  这个故事确实发生过吗?在历史上还有没有别的说法?西周

的衰亡，真的是一个女人引起的吗？

在分析"烽火戏诸侯"之前，先介绍一下"国人暴动"。

西周的第十代君主周厉王贪财好利，他任用一个叫荣夷公的臣子，实行"专利"。所谓专利，就是将本由国人共享的山林川泽改由王室控制。当时有个叫芮良夫的大夫力谏道："王室要衰落了。荣夷公只想独占财利而不知道这样会带来大难。利是天地所载的万物而生，假如要独占它，就会引起众人的怨恨。天地万物之利，是天下人所共有的，怎么能独占呢？独占会触怒众人，招致大难，用这些来引导大王，国家还能长治久安吗？做君主的人，应该将天地万物之利分给群臣和百姓，使神、人、万物都能得到应得的一份……而如今，您却去独占财利，这怎么行呢？普通人独占财利，尚且被人称为强盗，您如果也这样做，

白捡的知识

不听话的诸侯

《史记·周本纪》记载周厉王时期"诸侯不朝"，诸侯开始不履行分封制下的属地义务，实质上代表此时周王对诸侯的管控力已经大幅下降，西周此时三位一体的分封制、宗法制和礼乐制度已经面临崩溃。

国野制

西周时，人们聚集建立名为"城"的聚落。"城"又名"国"，"国"以外的土地则称为"野"，这种制度即为国野制，居住在国中的人则称为国人。宏观来看，国人是统治阶级的一部分，拥有干预政治的权力。

留下你的思考

那归附您的人就少了。荣夷公如果被重用，周朝肯定要败亡了。"

但是周厉王不听芮良夫的劝告，继续重用荣夷公。国人对荣夷公推行的"专利"制度强烈不满，大家都公开议论周厉王的过失。有的大臣对周厉王进谏，说"民不堪命矣"。这句话的意思是人民要受不了了。但是周厉王反而变本加厉，任用卫国来的巫师去监视那些议论的人，发现有人议论就向他报告，然后立刻杀掉那些议论者。这样一来，大家就都不敢说话了，司马迁的《史记·周本纪》在讲述这件事时写了4个字："诸侯不朝"，即诸侯都不来朝觐了。其实，这就预示着分封制开始走下坡路了——诸侯因为周王失德，不再履行属地的义务了。

再到后来，周朝出现了"道路以目"的现象。大家因为害怕被监视和告密，在路上相见都不敢说话，只能相互使眼色。周厉王反而非常高兴，对召公说："我消除了人们的议论，他们都不

道路以目

敢说话了。"召公就说了一段很有名的话："这只是把他们的话堵回去了。堵住人们的嘴巴，比堵住水流更危险。河流中的水蓄积多了，一旦河道决口，必然会带来很大的祸害。所以，懂得治水的人开通河道，使水流通畅；懂得治理民众的人，应该放开民众，让他们说话。天子治理国政，百官应该可以直接进谏，平民可以把意见传达给天子，然后由天子斟酌而行，这样事情做起来才会很顺当，没有错误。如果堵住民众的嘴巴，那国家还能维持多久呢？"

果然，不出召公所料，3年之后，国人就驱逐了周厉王，这就是"国人暴动"。此时，国政由大臣周公、召公共同执掌，史称"周召共和"。也有一种说法是由大臣共伯和掌权。西周统治从此一蹶不振。共和行政这一年是公元前841年，史称"共和元年"，这是中国历史上

白捡的知识

"烽火戏诸侯"的第二个版本

"烽火戏诸侯"第一个版本的典故出自《史记》。清华大学藏战国竹简《系年》记载了第二个版本。

《系年》："周幽王取妻于西申，生平王，王或（又）取褒人之女，是褒姒，生伯盘（即伯服）。褒姒嬖（bì）于王，王与伯盘逐平王，平王走西申。幽王起师，回（围）平王于西申，申人弗畀，曾人乃降西戎，以攻幽王，幽王及伯盘乃灭，周乃亡。邦君、诸正乃立幽王之弟余臣于虢（guó），是携惠王。"

在这个版本中，"烽火戏诸侯"是无稽之谈，周幽王和褒姒之子伯服驱逐了宜白之后，又主动进攻了申国，由此引发申侯勾结蛮族，杀了周幽王与伯服。此后，申侯与诸侯立宜白为周平王，其他诸侯等立周幽王的弟弟余臣为周携王。

留下你的思考

有确切纪年的开始。

"烽火戏诸侯"的故事在中国流传了2000多年,人们一般都把周幽王当作天子无道、自取灭亡的典型。但因为这个故事太生动、太戏剧化,很多人怀疑它的真实性,觉得它是"小说家言",而且,其他的古史书籍,如《竹书纪年》中也没有类似记载,所以读者可以"姑妄听之"。但这个故事也并非完全空穴来风,它在某种程度上的确反映了一定的真实情况。

周幽王因为宠爱褒姒,确实把申后和太子宜臼都废掉了,改立褒姒为后,立褒姒的儿子伯服为太子。不仅如此,宜臼跑回自己的外祖父家后,周幽王还发兵去讨伐申侯。申侯盛怒之下,联合犬戎攻入王畿杀了周幽王。宜臼被拥立为王,史称周平王。但犬戎反客为主,鸠占鹊巢,周平王又无力驱逐,只好在犬戎攻破镐京的第二年,也就是公元前770年,东迁洛邑。历史上称迁都之前的周王朝为西周,自迁都始称东周。

幽王废长立幼,自上而下地破坏了宗法制。原本,宗法制和分封制最大的作用就是维护周天子的权威,无论作为国家的最高统治者还是血缘大宗,他都拥有至高无上的地位。然而,最不该破坏这个制度的人却破坏了这个制度。所以当周幽王正式立褒姒为王后,立她生的儿子伯服为太子时,西周的太史官伯阳就慨叹道:"祸成矣,无可奈何!"

从周厉王贪财好利、防民之口,到周幽王废长立幼,西周的统治者为自己的贪婪和愚蠢付出了巨大的代价。周厉王丢掉了政权,周幽王丢掉了性命,西周赖以维系统治的制度——分封制和宗法制摇摇欲坠,周王室还被迫离开了自己生息繁衍数百年的大本营。即将开始的东周,再也不会是周王室的天堂了。

思维导图

两个故事版本：
一个出自《史记》，一个出自《系年》

国人暴动：
周厉王与民争利，国人驱逐了周厉王

西周灭亡：
犬戎攻破镐京，周幽王被杀

"烽火戏诸侯"是真的吗

发散思考

"烽火戏诸侯"这两个版本，你认为哪个更可信？依据是什么？

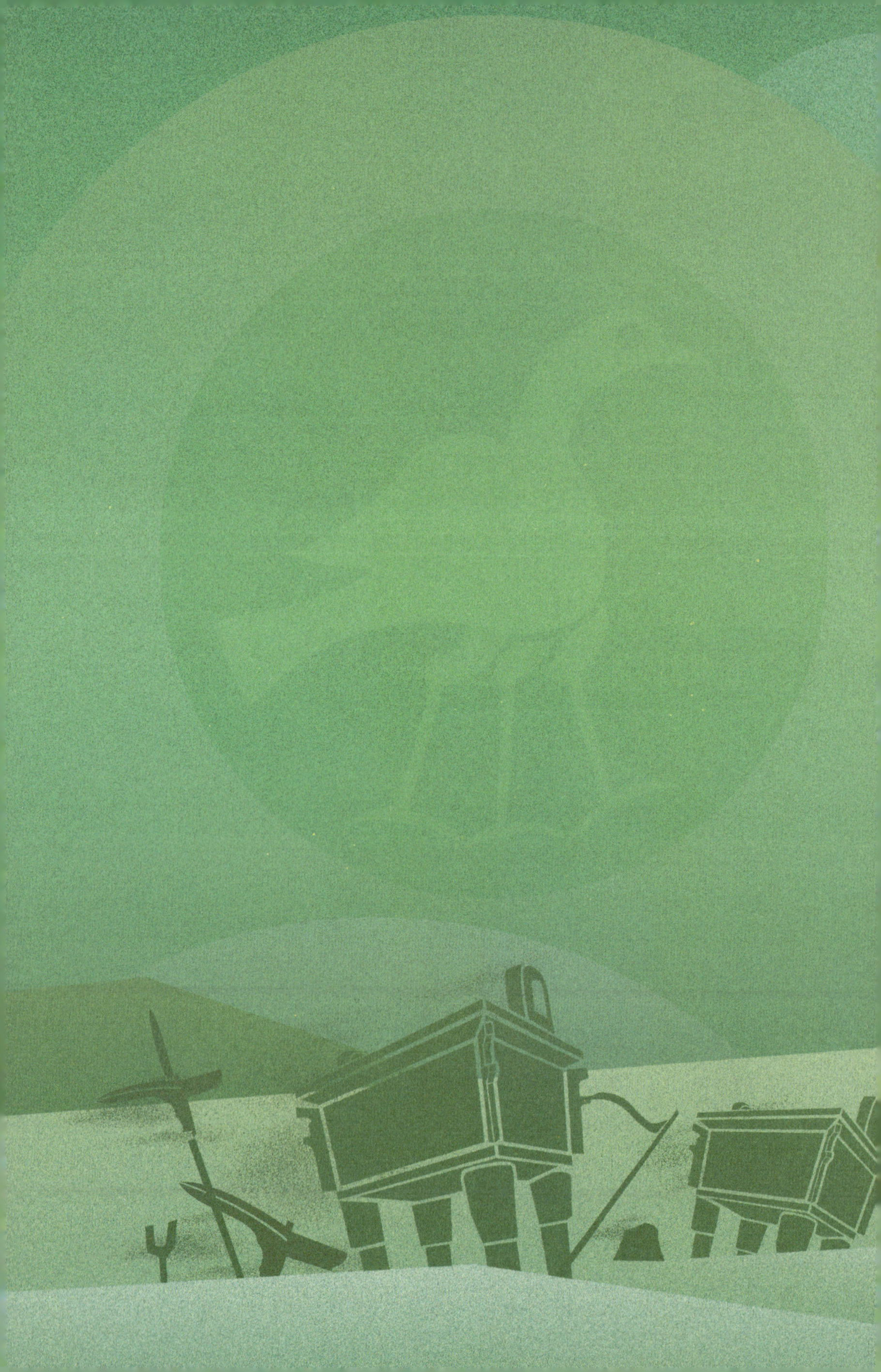

第七章
春秋为何"礼崩乐坏"

○ 西周等级森严，君臣、父子等关系有一套严格的、上下尊卑分明的封建社会礼制。在这套体系中，臣子绝对不能以下犯上。

公元前770年，东周开始，这是一个怎样的时期呢？分封、礼乐制度被破坏，大家都不守规矩了。这个时期天下大乱，是从内而外的，动乱既发生于诸侯国内部，也存在于诸侯国之间。诸侯国内部，最常见的动乱就是臣子"弑君"。

人们用4个字来概括这个时期：礼崩乐坏。

敲黑板

- 王室衰微与诸侯争霸
- 礼崩乐坏

　　西周覆灭后，周平王迁都洛邑，这便是东周开始的标志。一般来说，我们可以把东周分成春秋和战国两个时期。我们先要了解东周前半期的历史阶段，也就是开始于公元前770年，结束于公元前476年的春秋时期。

　　这是一个怎样的时期呢？有人用4个字来概括它：礼崩乐坏。礼乐制度始自夏商，在西周时期得到了非常完善的发展。而礼崩乐坏，说明礼乐制度已经崩溃瓦解了。这究竟为何呢？

　　在西周强盛之时，周天子是最高统治者，是"天下共主"，拥有至高无上的权威。所谓"礼乐征伐自天子出"，就是指周天子掌握大权，诸如礼乐制度及战争之类的国家大事，全由周天子掌控。但到了西周末年，频繁的战争令周王室实力大减。周平王东迁后，王室辖地大大缩小，周王实际管辖区仅限于今河南省西北部的一隅之地，方圆不过300千米，远不及过去"王畿千里"的规模。管辖范围的缩小，再加上很多诸侯不再定期向周天子纳贡，周王室财政逐渐紧缩，经济窘迫。公元前720年，周平王逝世，但因随葬品不足而无法下葬。因此，新继位的周桓王只得派人向鲁国求助，这对周王室来说，实在是不成体统。

与周王室的衰微相反，这个时候，各诸侯国的独立性大大增强了。西周时，天子会定期到各诸侯国视察，称为"巡狩"；诸侯则要定期朝见天子，称为"述职"。到了东周，不仅周天子没有进行过巡狩，诸侯也很少朝见天子。随着周天子的地位一落千丈，诸侯越来越不把周天子放在眼里。东周的近邻郑国，率先向天子的权威发起挑战。

郑国是周王的同姓诸侯国，势力范围大约在今天的河南新郑一带，紧邻东迁之后的周王室。在周王室东迁的过程中，郑国立有大功，因此，自东周始，郑国连续两代国君——郑武公和郑庄公均担任周平王的

白捡的知识

为什么把一段时期叫春秋

春秋是一个时期的名称，其名源于鲁国史书《春秋》。鲁国史官一年分春夏秋冬四季记录各国报道的重大事件，所以将这部编年史取名为"春秋"。

《春秋》记载了从鲁隐公元年（公元前722年）到鲁哀公十四年（公元前481年）共242年的史事，大致与一个客观的历史发展时期相当，所以历代史学家便把《春秋》这个书名作为这个历史时期的名称。为了叙事方便，规定春秋时期开始于周平王元年（公元前770年）周平王东迁东周开始的一年，止于周敬王四十四年（公元前476年）战国前夕，总共295年。

用一句话概括春秋时局，那就是：

王室衰微，诸侯争霸。春秋时期，王室管辖范围缩小，许多诸侯不再定期向周天子纳贡，周天子失去了天下共主的地位，不能控制诸侯。一些大诸侯国积极扩张势力，力图号召和控制中小诸侯国，确立霸主地位。

虽然周王室控制力下降，但是，诸侯对周王室仍有所忌惮。他们表面上尊重周王室，且往往打着"尊王"的口号争霸竞争，这与后来的战国情况不同。

> 留下你的思考

卿士一职，即周王的辅政大臣。周平王忌惮郑国渐增的势力，想把郑庄公的部分权力分给其他诸侯国的国君，这引起了郑庄公的强烈不满。周平王为了拉拢郑庄公，居然和郑国交换儿子做人质，以表自己的诚意，这便是"周郑交质"。"周郑交质"说明周平王事实上已经把自己降到和一个诸侯平起平坐的地位了。

周平王去世后，继任者周桓王依旧希望削弱郑庄公的力量。为了报复东周王室，郑庄公连续派兵到东周王畿内抢割成熟的庄稼，并且拒绝朝觐。周桓王大怒，于是率领诸侯去讨伐郑国。郑庄公带兵迎战，大败王师，而且郑庄公手下的一个将领还一箭射中了周桓王的肩膀。好在郑庄公对周天子仍有所顾忌，并未穷追猛打，反而派人去慰问周桓王，察看其伤势，周桓王这才有了台阶下。

我们都知道"春秋五霸"，即齐桓（huán）公、晋文公、楚庄王、吴王阖闾（lú）和越王勾践；还有一种说法，是把吴王阖闾和越王勾践换成宋襄

郑庄公派兵到东周王畿内抢割庄稼

第七章　春秋为何"礼崩乐坏"

公和秦穆公。无论哪个版本，郑庄公都没有名列其中，但他在春秋时期的影响力丝毫不逊于春秋五霸，其原因就在于他敢于公然挑战周天子的权威，并且没有遭到惩罚。郑国与周王室兵戎相见，使周天子更加威严扫地。俗话说山中无老虎，猴子称大王，居于权力顶端的最高领导者无法对下级进行有效控制，便会天下大乱。依《史记·太史公自序》所言，春秋时期，共发生了36起臣子弑君的事件，共有52个诸侯国灭亡，诸侯王位不保的事件更是不胜枚举。

这个时期天下大乱，是从内而外的，动乱既发生于诸侯国内部，也存在于诸侯国之间。

诸侯国内部最常见的动乱就是臣子"弑君"。"弑"，专指子女杀死父母或臣子杀死君主。

因为西周实行的是分封制和宗法制，所以作为"臣"的诸侯，往往也同时具有"子"的身份。因此，"弑君"这种行为就不仅仅意味着政治上的动荡，也是骨肉相残。而臣子进行这种行为的动机，无非是获得权力，楚国商臣弑君就是典型的例子。

据《左传》记载，楚成王想立他的儿子商臣为太子，有大臣劝他：大王您正值盛年，还会有很多儿子，如果现在就立了太子，万一将来有了变动，您再废掉太子，就会引起内乱；况且商臣性情残暴，不可将其立为太子。但是楚成王不听，还是立商臣为太子。后来，楚成王果然后悔了，想废掉商臣另立太子。商臣得知此事后，便与老师潘崇商量。潘崇问："你能服从新太子的命令吗？"商臣说："不能。"潘崇再问："你能离开楚国吗？"商臣说："不能。"潘崇又问："你能干大事吗？"意思是能不能杀掉成王夺取君位。商臣说："能。"于是商臣派兵包围了王宫。楚成王

留下你的思考

知道自己无法幸免于难，便请求在临死前吃一顿熊掌，但他的请求没有被应允。楚成王自缢而亡。楚成王死后，商臣继位，为楚穆王。

商臣弑父是因争夺权力而致骨肉残杀的典型，这也是春秋时期诸侯国内乱的常见原因。然而，有些内乱却是由一些几乎可以算是鸡毛蒜皮的小事引发的。

中国有个和美食有关的成语叫"食指大动"，这个成语出自春秋时期的郑国，缘起于一场与美食有关的内乱。

春秋时期，郑国有两个大夫，一个叫子家，一个叫子公。某日这两人结伴而行，朝见国君郑灵公。在前往朝堂的路上，子公的食指突然跳动，他就对子家说："上一次我食指动的时候，吃到了一顿美餐，今天想必也是如此。"两个人入宫后，发现厨师正在杀一只鼋（yuán），这是楚国送给郑灵公的礼物。鼋是鳖的一种，体形硕大。朝堂之上，子公和子家相视而笑，郑灵公看到了，便询问两人为何发笑。子家就如实以告。郑灵公可能喜欢恶作剧，他把鼋分食给所有的大夫，唯独不给子公。子公觉得受到了戏弄，非常生气，于是用食指在郑灵公的鼎里蘸了一下，尝了一口后便扬长而去，以此向郑灵公示威。郑灵公大怒，觉得子公蔑视君权，想杀掉子公。没想到，子公反而先发制人，杀掉了郑灵公。

这个故事荒诞至极，君臣之间竟然因为一口食物结怨，进而导致内乱发生。据《论语·颜渊》记载，齐景公向孔子请教为政之道，孔子的回答是："君君，臣臣，父父，子子。"孔子的意思是君王要有君王的样子，臣子要有臣子的样子，父亲要有父亲的样子，儿子要有儿子的样子。而在这个故事里，我们发现：在郑国这个国家中，实是君不像君，臣不像臣。

第七章　春秋为何"礼崩乐坏"

看来，当旧有的制度瓦解，以往的平衡被打破，而新的制度和平衡还没有建立起来的时候，国家内部就会乱象丛生，任何风吹草动，都可能引发剧烈的社会动荡。

西周等级森严，君臣、父子等关系有一套严格的上下尊卑分明的封建社会礼制。在这套体系中，臣子绝对不能以下犯上。但是这些制度在春秋时期都被破坏了。通俗地说，就是大家都不守规矩了。这就是"礼崩乐坏"的含义，春秋时期的社会动荡可见一斑。

动乱不仅发生于诸侯国内部，更体现在诸侯国之间的征伐兼并中。

周王室衰微是诸侯争霸局面出现的政治前提。一些强大的诸侯国乘机而起，为争夺土地、人口而混战不休，争做霸主。周天子对此完全无能为力，"礼乐征伐自天子出"已变成"礼乐征伐自诸侯出"。

食指大动

思维导图

- 时期：东周，始于周平王东迁洛邑
  - 东周前半段——春秋
  - 东周后半段——战国

春秋为何"礼崩乐坏"

- 春秋
  - 周王室衰微，诸侯争霸
  - 礼崩乐坏：礼乐制度已经崩溃瓦解

礼乐征伐自诸侯出

发散思考

春秋时期剧烈的社会动荡表现在哪些方面？

第八章 齐桓公为什么能成为春秋首霸

○ 齐桓公在位的时间是公元前685年至公元前643年，在其长达43年的统治时期，齐国国力逐渐强盛，一举成为春秋时期的大国，齐桓公也成为当时的首位霸主。那么，齐桓公率先称霸的奥秘是什么？称霸之后他又做了哪些事以展示自己的实力呢？

敲黑板

· 齐桓公称霸的原因
· 尊王攘夷

春秋时期剧烈的社会动荡局面主要是制度的崩坏导致的，而制度的崩坏又体现在内外两方面。在诸侯国内，国君废嫡立庶、臣子弑君篡位的事情频频发生；而在外部，由于周王室衰微，各诸侯几乎不再听命于曾经的"天下共主"——周天子了。春秋时期，历史舞台上的主角是一些雄才大略、野心勃勃的诸侯，其代表就是春秋五霸。

春秋五霸中的第一位霸主是齐桓公。关于齐桓公，我们重点讨论以下四个方面。

第一，齐桓公是谁？

第二，作为春秋时期的首位霸主，齐桓公率先称霸的奥秘是什么？

第三，作为齐桓公最重要的谋士，管仲（zhòng）主导和参与了哪些重要决策？"尊王攘夷"是怎样的战略思想，起到了哪些重要的作用？

第八章 齐桓公为什么能成为春秋首霸

第四，繁盛一时的齐国是如何衰落的？

齐桓公名小白，是齐国国君齐襄公的弟弟。齐襄公是一个残暴不仁、昏庸无能的国君。他在位时，齐国国家混乱、政令无常，他的两个弟弟公子纠和公子小白恐遭杀害，就分别跑到鲁国（今山东西南部）和莒（jǔ）国（今山东莒县）避难。后来，齐襄公被杀，君位空缺，公子小白抢先回到齐国即位，史称齐桓公。齐桓公在位的时间是公元前685年至公元前643年，在其长达43年的统治时期，齐国国力逐渐强盛，一举成为春秋时期的大国，齐桓公也成为当时的首位霸主。

那么，齐桓公率先称霸的奥秘是什么呢？

关于这个问题，我们要从内部和外部两个方面分析。

齐桓公最成功、最明智的举措，是任用了一位杰出的政治家为相，辅佐自己治国，这个人就是管仲。管仲年轻的时候很穷困，但是他得到了知心好友鲍叔牙的全力帮助。管仲曾经说："生我者父母，知我者鲍子也。"管仲与鲍叔牙情谊深厚，后人常常用"管鲍之交"来比喻交情深厚的朋友，或来形容自己与好朋友之间彼此信任的关系。

说起来很有意思，当初管仲在齐国辅佐的是公子纠，而鲍叔牙辅佐的是公子小白。齐襄公去世的消息一出，公子纠和公子小白就立刻前往齐国以争夺国君之位。管仲担心公子小白捷足先登，就在半路截杀公子小白，一箭射中了公子小白的衣带钩，公子小白假装倒地而死。经过一系列的波折，公子小白最终早于公子纠赶回齐国，成功即位。公子小白当上国君以后，想要杀掉管仲，以报一箭之仇，但是鲍叔牙劝他：您要是想成就霸业，必须有管仲相助。于是齐桓公尽弃前嫌，重用管仲。

> 留下你的思考

　　管仲辅佐齐桓公治国，首要举措就是整顿内政。他治国的指导思想是"仓廪（lǐn）实而知礼节，衣食足而知荣辱"，也就是要让人民安居乐业、衣食无忧，这样他们才会遵守礼节、重视荣辱。所以他致力于发展齐国的经济，推动了一系列变革，比如加强盐铁管理、铸造统一货币、减轻税收等。齐国靠海，先天就有渔盐之利，在这些举措的影响下，齐国经济水平得到了很大提升。他还整顿齐国的行政管理系统，设置常备军，选用贤能，使得齐国

冶铁

晒盐

第八章 齐桓公为什么能成为春秋首霸

国力蒸蒸日上。

以上是齐桓公率先称霸的内部有利因素，而在外部，齐国也把握了有利的称霸时机。

在当时，几个大国都境况不佳：晋国发生了内乱，持续时间很长，无力争霸；秦国地处偏僻，很难参与中原各国的竞争。真正可以威胁齐国的是地处南方的楚国。诸侯要想在列国间争雄称霸，仅凭实力是不够的，还需要有一个高明的策略。齐桓公在管仲的辅佐下，实施了"尊王攘夷"策略。

所谓"尊王"，指的是尊奉周天子。春秋时期，尽管周天子的权威下降，但是"天下共主"的名分和正统地位还在。这时如果有人公然挑战天子的权威，甚至希图取而代之，很有可能就会变成众矢之的；而如果拥戴周天子，则会使自己在战争中师出有名，在道义和法理上占据有利地位，有机会扩大政治影响力。"攘夷"中的"夷"，指的就是中原地区周边的一些非华夏民族部落，比如戎、狄等。值得一提的是，在那时，南方的楚国也被视作蛮夷。当时中原大乱，这些民族趁机各自扩展势力，对中原各国构成了很大的威胁，"攘夷"指的就是排除这些民族对华夏民族的侵扰。在实施"尊王攘夷"策略过程中，有以下几件事值得一提。

公元前663年，北方的山戎进攻燕国。燕国向齐国求救，齐桓公亲自率军击退了山戎。为了对齐桓公表示感谢，在齐桓公回国的时候，燕庄公一直把齐桓公送出国境，进入了齐国境内。齐桓公说："按照礼制，只有天子巡狩，诸侯才要将其护送出境，我不是天子，不能对燕国无礼。"于是，他就把燕庄公所到之处都割给了燕国。其他的诸侯听说了这件事，对齐桓公更加钦佩，齐桓公在众诸侯之中的威信大为提高。

> 留下你的思考

卫懿公养仙鹤

　　公元前660年，北方的狄人进攻卫国。当时卫国的国君卫懿（yì）公是一个骄奢无道的国君，他有一个特殊的癖好——养仙鹤。他养的每一只仙鹤都有一个官位，仙鹤出行的时候配有车马，而卫国的人民却穷困不堪。等到狄人攻打卫国，卫懿公征兵的时候，人民都说："您让仙鹤去打仗吧。"结果卫国被狄人攻破，卫懿公也被杀死了。卫国是周武王之弟康叔的封地，是正宗的姬姓诸侯国。齐桓公发兵救卫，击退了狄人。齐桓公并没有趁火打劫，而是替卫国立了新的国君，还召集流亡的卫国百姓，为卫国建立新

第八章 齐桓公为什么能成为春秋首霸

都,帮助卫国复国。

齐桓公在北方大显身手的时候,南方的楚国也在扩展势力。

公元前656年,齐桓公率领各国联军讨伐楚国。楚成王派使节质问齐桓公:"你们为什么进入楚国的国土?"管仲也质问楚国:"你们为什么不向王室进贡?当年周昭王南征的时候(公元前977年)死在你们这里,那是怎么回事?"管仲的质问有些牵强,但是很明显是师出有名,即维护王室。楚王答复:不进贡是我的过错,我立刻弥补;至于周昭王之死,我们也不知道原因,你可以去汉水问问。楚王的答复可以说既有让步,也很强硬。齐桓公也觉得此时无法轻易征服楚国,于是就与楚国会盟罢兵。楚国北进的势头也暂时被遏制了。

通过这些活动,齐桓公在诸侯中树立了威信。而他正式成为霸主的标志就是会盟。

据《春秋》记载,齐桓公和其他诸侯参与的较大会盟一共有16次,其中最重要的是公元前651年的葵丘会盟。周襄王派大臣宰孔来参加这次会盟,向齐桓公赐胙(zuò)(祭祀用的肉),而且提出齐桓公在接受礼品的时候不用下拜。齐桓公想要依从周襄王的意见,但是管仲认为这样不行。于是齐桓公依旧下拜受赐,以示对周王的尊重。

在这次会盟中,诸侯间订立盟约,规定:各国不得废除太子;不得立妾为妻;不得筑堤拦水,妨害下游国家;不得禁止邻国之间的粮食流通等。这些内容显示齐桓公在竭力维护分封制度下各诸侯国内部和各诸侯国之间的秩序。这在一定程度上遏制了混乱局面,而且也有利于联合华夏诸国保护中原文化。所以,后来孔子说:"管仲相桓公,霸诸侯,一匡天下,民到于今受其赐。微管

> 留下你的思考

齐桓公下拜受赐

仲，吾其被发左衽矣。"其大意是，如果没有管仲辅佐齐桓公登上霸主之位，中原各国很难遏制蛮夷的侵扰，我们就要被迫遵从蛮夷的风俗了。"被发"指的是披散头发，"左衽"指的是衣服的前襟向左掩，这些都是北方少数民族的风俗习惯。

齐桓公想用会盟的形式来稳定各国的内外局势，防止战乱发生，然而遗憾的是，他极力想要避免的内乱在他逝世后还是发生了。齐桓公逝世后，他的几个儿子忙于争夺国君之位，无人收拾他的尸体，结果竟然导致他的尸体腐烂生蛆。齐国也因为内乱而国力大减，齐桓公开创的霸业就此结束了。

思维导图

齐桓公为什么能成为春秋首霸

- **春秋五霸**：一说是齐桓公、晋文公、楚庄王、秦穆公、宋襄公，一说是齐桓公、晋文公、楚庄王、吴王阖闾、越王夫差

- **齐桓公是谁**：齐国国君齐襄公的弟弟，在位的时间是公元前685年至公元前643年

- **率先称霸的奥秘**：
  - 内部：重用管仲
  - 外部：其他大国境况不佳

- **尊王攘夷**：尊奉周天子，排除中原地区周边的一些非华夏民族部落对华夏民族的侵扰

发散思考

管仲"仓廪实而知礼节"的思想，在今天仍然被人提起。对此，你怎么看？这种思想在今天还有意义吗？

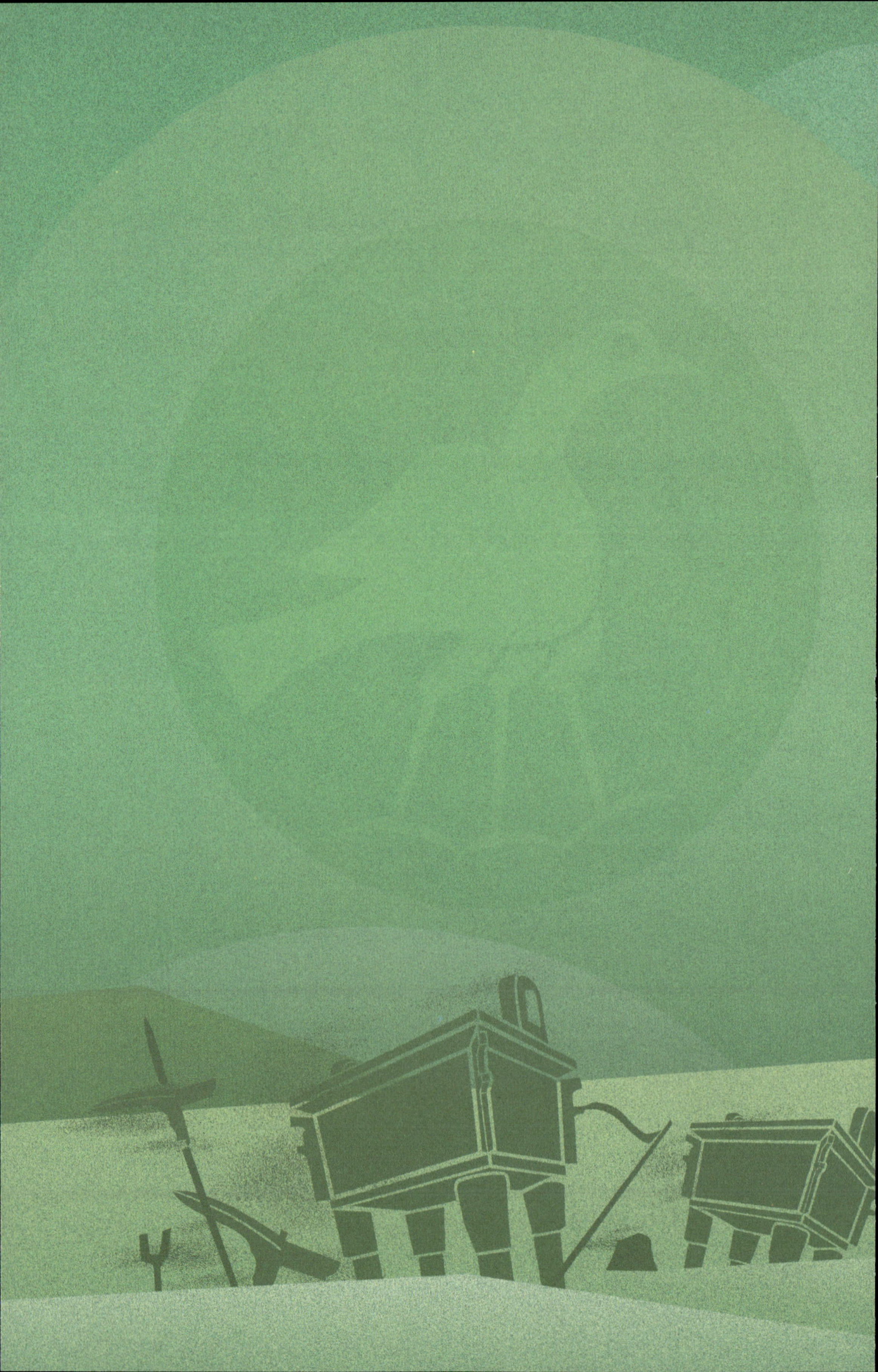

第九章
流亡19年的春秋霸主晋文公

○ 齐桓公开创的霸业维持了不长时间？继之而起的就是晋国。晋文公用9年时间打造的晋国在他死后持续称霸了许多年，这的确让人刮目相看，也值得我们一探究竟。

敲黑板

· 晋文公崛起的原因

　　齐桓公开创的霸业在他死后很快就结束了，这就为其他诸侯国取而代之创造了条件。继之而起的就是晋国。

　　唐国是周成王的弟弟叔虞的封地，叔虞死后，姬燮（xiè）继位，国号改称"晋"。晋国一直是北方的大国，但在春秋早期，晋国内乱不断，无暇顾及外部，所以没有参与齐桓公称霸期间所召集的会盟活动。

　　然而，从晋文公执政开始，晋国的面貌得到了极大的改善。

　　晋文公名重耳，公元前636年至公元前628年在位，在位时间只有短短9年。而齐桓公在位43年，晋文公在位时间大约是齐桓公的五分之一。

　　但是齐桓公用40多年开创的霸业在他死后转瞬即逝，而晋文公用9年时间打造的晋国在他死后持续称霸了许多年，这的确让人刮目相看，也值得我们一探究竟。

　　晋文公之所以能够称霸，得益于他丰富的人生阅历和社会经验。

晋文公即位时已经62岁了，在即位之前的19年间，即从43岁开始，他一直在各国流亡，很多时候颠沛流离、居无定所。晋文公的父亲晋献公有3个儿子，长子申生早已被立为太子。但是晋献公晚年犯了很多诸侯都会犯的错误：废嫡立庶。他想立宠妃骊（lí）姬的儿子为太子，于是逼迫申生自杀。申生的两个弟弟重耳和夷吾为了避祸，各自逃往他国。

重耳在翟国、卫国、齐国、曹国、宋国、郑国、楚国、秦国等地流亡，最后，在秦国国君秦穆公的帮助下，回国做了国君。流亡期间，他受到过齐国、楚国和秦国的礼遇，也在卫国、曹国和郑国遭到歧视、受到冷遇。饱尝人情冷暖，体验世态炎凉后，他对各国的内部情况也都洞若观火。与那些长于深宫之中、养尊处优的公子相比，重耳更加老练、成熟，

白捡的知识

春秋战国时期战争的特点

春秋时期各诸侯国作战主要为争夺国土接壤处的空旷地带和弱小国家，作战讲究礼仪，作战规模有限；战国时期各诸侯作战主要为歼灭敌军，作战战术灵活，作战规模明显扩大。

战车的高光时刻

商朝前期及以前的战争，以步战为主。商朝后期，车战逐渐变多。

春秋中期以前，车战走向鼎盛，诸侯之间也打破了之前重信轻诈的战术传统，经常发动出其不意的进攻。春秋中期以后，作战区域扩大到中原以外的地区，且由于地形不利于车战，步兵的作用提高。

战国时期，战车逐渐被步兵、骑兵取代。

晋文公凭什么实力大增

晋文公对内任用赵衰、狐偃（yǎn）、贾佗、先轸、魏犨（chōu）等人，实行通商宽农、明贤良、赏功劳等政策，设三军六卿，使晋国国力大增；对外联合秦国和齐国伐齐攻卫，平定周室王子带之乱，受到周天子赏赐。

> 留下你的思考

这为他即位之后施明政打下了坚实的基础。

在称霸路上，齐桓公得到了管仲的辅佐，而晋文公也有一大批得力臣子相助。

重耳年轻时便懂得结交贤士，他结交的贤士中最著名的有5个人：赵衰、狐偃、贾佗、先轸、魏犨。这些人不仅有杰出的政治和军事才干，而且对重耳忠心耿耿，在重耳流亡期间，始终不离不弃地跟随着他。

重耳到卫国的时候，卫文公不肯接待他，重耳只好绕道五鹿（今河南濮阳市）去齐国。因为饥饿难耐，不得已，他向当地人"乞食"，当地人戏耍他，把泥土装在碗里送给他。重耳大怒，正要发作，狐偃劝说道："这说明您将获得土地，您应该感谢他，接受他的馈赠。"重耳到了齐国，齐桓公非常尊重重耳，不仅盛情款待重耳，还把齐国宗室的女儿嫁给重耳。在齐国，重耳过了几年安生的日子，乐不思蜀。

齐桓公死后，齐国内乱，赵衰等人觉得齐国不宜久留，重耳却说："人生就是图个安乐，何必管其他事，我就是死在这里也不要再走了。"赵衰等人密谋把重耳灌醉，然后将他抬到马车上，离开了齐国。重耳醒后大怒，作势要杀狐偃，狐偃从容地说："只要您能成事，就是把我杀了，我也心甘情愿。"重耳说："要是不能成事，我吃了你。"狐偃说："就算不能成事，我的肉腥臊，您也吃不下。"一番争论后，一行人才继续前行。

第九章　流亡19年的春秋霸主晋文公

在流亡的 19 年里，重耳有过困顿的时候，也有过安乐的时候，这些人不断地激励重耳，让他不要放弃志向。

重耳回国之后，安抚百姓，整顿内政。此时，他迎来了良好的外部机遇。

在他即位的第一年，东周发生了王子带之乱。周襄王的弟弟王子带起兵作乱，驱逐周襄王，自己进入洛阳做了周王，还把被周襄王废掉的王后立为自己的王后。周襄王逃到郑国，叫天天不应，叫地地不灵。以前他可以求助于霸主齐桓公，但是现在齐桓公已死，无人相助。

周襄王被驱逐

> 留下你的思考

有些诸侯将这视为获取政治资本的机会，便谋划救援周襄王。

秦穆公正准备发兵援助周襄王，赵衰知道后立刻向晋文公进言："如果您想称霸，最好的办法就是帮助周襄王复位。周和晋同为姬姓国，如果我们不先动手，让秦国抢了先，就会十分被动。如果我们能成功救援周襄王，就会成为晋国最大的政治资本。"晋文公立即出兵勤王，杀掉王子带，护送周襄王回国复位。周襄王赐给晋国四个城邑，表达对晋文公的感谢。晋国不仅提高了政治声望，还扩大了领土，为进一步称霸奠定了良好的基础。

对晋国来说，称霸路上最大的对手是南方的楚国。就在平息周乱的第二年，楚国发兵攻打宋国。这是争夺霸权的强烈暗示。宋国向晋国求援，如果晋国退缩，就会把争霸的主动权拱手让

晋文公出兵勤王，杀掉王子带

第九章　流亡19年的春秋霸主晋文公

给楚国，反之则会一举成就霸业。晋文公决定援助宋国。公元前632年，晋楚两军在城濮（pú）（今山东鄄城西南临濮镇）展开决战，历史上著名的"退避三舍"的故事就发生于这场战争中。

当年重耳流亡到楚国的时候，楚成王非常看重重耳，以诸侯之礼待他。成王还问重耳："如果你回到晋国做了国君，将如何报答我呢？"重耳说："大王不缺服侍您的人，也不缺金银财宝，而且楚国物产丰厚，我实在不知道如何报答您。"

楚王一再询问，重耳便说："将来万一两国发生战争，我只能退避三舍。"舍是当时的计量单位，一舍为30里，即15千米。楚国的大将子玉听到后，对楚成王说："您对重耳如此礼遇，可他却实在无礼，不如杀掉他，以绝后患。"楚成王说："重耳是个贤人，

退避三舍

> 留下你的思考

虽然他现在暂时受困于国外，但跟随他的人都是人才，这是老天要帮助他成事，不能杀他。"

想不到一语成谶（chèn）。若干年后，晋国和楚国真的兵戎相见，而楚军的主将正是当年要杀掉重耳的子玉。两军交战，晋文公果然命令大军后退90里，即45千米。晋文公手下的军士都不理解这一做法，问晋文公："为什么不战先退？这不是示弱吗？"晋文公说："我在楚国时和楚王约定过，如果两国打仗，晋国会退避三舍，我怎么能背弃诺言呢？"于是晋军后退。这时，楚军中有人建议子玉见好就收，晋军已经后退了，不如就此撤军。但是子玉非常骄横，一定要大败晋军，于是穷追不舍，结果楚军被晋军大败。楚国的北上争霸之路再次遭遇重挫。

随后，晋文公与各国国君在践土（今河南原阳县西南）会盟，周襄王居然也来参加，还册封了晋文公。

由此，晋国的霸主地位正式确立，并且持续了将近一个世纪。在此期间，晋国一直是各国中最强大的国家。在春秋时期最大的5次战争——晋楚城濮之战、晋秦崤（xiáo）之战、晋楚邲（bì）之战、晋齐鞌（ān）之战和晋楚鄢（yān）陵之战中，晋国四胜一负，只在邲之战中败给楚国，晋国国力之强可见一斑。

思维导图

流亡19年的春秋霸主晋文公

- **晋文公是谁**
  晋文公名重耳，曾在各国流亡，公元前636年至公元前628年在位，即位时已62岁

- **靠什么称霸**
  - 内部：
    重用人才，安抚百姓，整顿内政
  - 外部：
    平定周王室王子带之乱，迎周襄王复位

发散思考

晋文公在城濮之战中退避三舍，有人说他在践行诺言，使自己在道义上立于不败之地；也有人认为这是军事策略，先故意示弱，麻痹对手，再诱敌深入。对此，你怎么看？

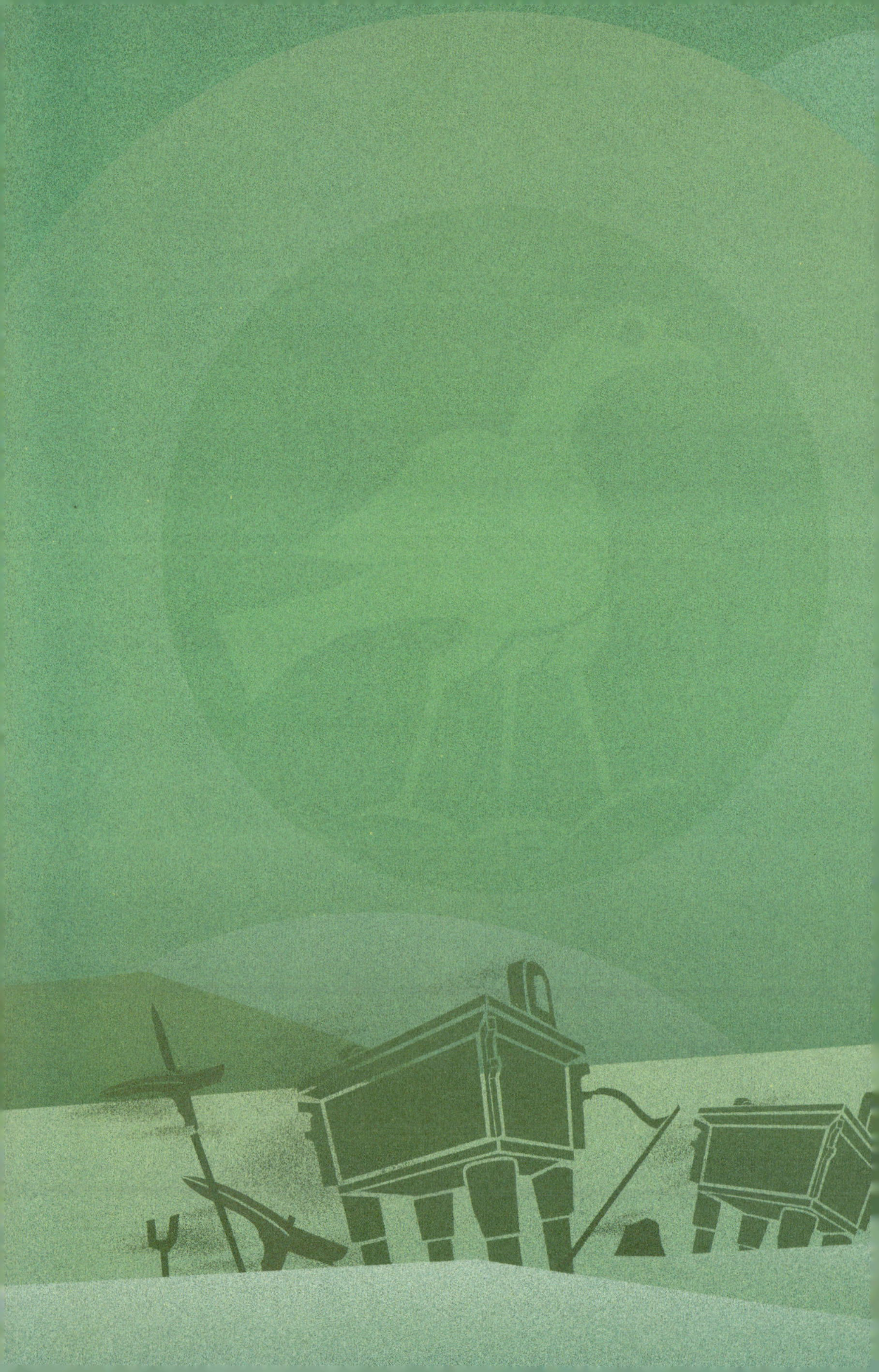

第十章 「一鸣惊人」的楚庄王

○位于南方的楚国一直不服周王室,同时又想融入中原各国的「朋友圈」,它的特别之处到底在哪里?楚庄王又是如何初藏锋芒,继而「一鸣惊人」,带领大楚一路「打怪升级」,制霸春秋的呢?

敲黑板

- 楚国的特殊之处
- 楚国的崛起

楚国是一个与众不同的国家。

首先，楚国的地理位置比较特殊。

黄河被称为中华民族的母亲河，黄河流域是华夏族最早繁衍生息的区域之一，夏商周三代的统治中心都在黄河中下游，西周的绝大部分诸侯国也都位于这一区域。

但楚国位于长江中游，即今天的湖北、湖南一带。在当时，这一带是经济比较落后、人烟稀少的地区。

由于楚国地理位置比较特殊，所以楚国文化有其特殊性。西周时，分封制的推行相当于对黄河流域的文化进行了一次整合，是周文化在北方的一次拓展。因此，尽管黄河流域诸侯国众多，但因其文化相近，所以彼此之间接受度较高。与这些分封国相比，楚国有着明显区别于周文化的独特文化系统。比如，周人崇拜祖先和上天，而楚人崇拜火神。在继承制方面，周人实行嫡长子继承制，而楚人流行幼子继承制。这是由于在文化思想方面，周人相对比较理性，春秋时期兴起的儒家思想中有"子不语怪力乱神"的观点，对于自己没有把握的事情，尤其是对怪象和鬼神，人们一般持比较审慎的态度。但楚国不同，楚国民间流传着大量的神鬼传说，这些传说后来成了屈原创作《离骚》等楚辞的重要素材。楚国的语言也与中原地区的语言有极大的差异。

正因如此，楚国一直是一个被中原各国歧视的国家。

古史书籍中很早就有楚国与西周来往的相关记载，周文王、周成王都册封过楚人的祖先，周康王在位期间还有楚人在周王室任职，但是楚国一直被视为"蛮夷"，始终不能参加诸侯的盟会。时间一长，楚人也习惯了这种待遇，甚至以"蛮夷"自居，丝毫不介意这一称呼。

其次，楚国还是一个很叛逆的国家。在列国中，它是最

白捡的知识

我偏要与众不同

楚国较早独立于周，不听周天子号令，自立为王。

首先，楚国地理位置特殊——以中原为大本营的周王室分封的齐、鲁、郑、魏、宋等诸侯国都在黄河流域，就连他们很看不上的秦国也在黄河流域，只有楚国在八竿子打不着的长江流域。

其次，周初封建的时候，中原诸国都是"公爵"，唯独楚是"子爵"，等级低了不少。后来，楚一直没"升职"。楚干脆就跟周王室对着干起来了。

再者，楚国文化异于中原文化——因为没啥地位，周制定的礼仪、军事、刑法、民生、科技等"先进技术"不向楚国开放，所以中原文明的硕硕果实，楚是压根儿就享用不到的。恰恰也是因为没有周王室文化的限制，所以浪漫独特的楚文化出现了。

早企图和周王室平起平坐的国家。有一件事可以说明楚国的野心。

早在西周后期，周夷王在位期间，当时的楚国国君熊渠公然宣称："我蛮夷也，不与中国之号谥。"他的意思是"我是蛮夷，不必遵守中原的规矩，不必使用中原各国的称号。"在这种思想的主导下，他直接把自己的几个儿子立为王，分别统治楚国的不同区域。

那时周天子是天下的最高权威，只有西周的最高统治者可以称"王"，而其他诸侯国的国君，哪怕实力再强，也只能称"公""侯""伯"等，绝对不能称"王"。因此，可以说熊渠是"第一个吃螃蟹的人"。但当以残暴著称的周厉王即位后，熊渠怕他攻打楚国，就把王号取消了。

到了春秋时期，周王室衰微，各诸侯国再也不惧怕周王了。楚国行事也越发大胆，他们开始积极向北发展势力。

楚国国君熊通在位期间，楚国向随国发起进攻。随国位于今天湖北随州市，是姬姓诸侯国。随国的国君向楚人申诉："我无罪。"而熊通的回答还是那句："我蛮夷也。"随国赶紧向楚国献媚，请周王赐给熊通尊号。周王拒绝了这一请求。熊通听说后大怒，说"王不加位，我自尊耳"，意思是"你不封我为王，我可以尊自己为王"。于是熊通就自立为王，即楚武王。自此，楚国至少在称号上与周王室平起平坐，而周王室也对楚国无可奈何。

然而楚国的行为实在有点儿"超前"，这让齐桓公、晋文公这些打着尊王名义、意图称霸的诸侯抓住了把柄。所以，楚国在北进的过程中先后受挫于齐国和晋国，晋楚城濮之战是楚国遭受的一次重大挫折。直到出现了一位大有作为的君主，楚国才重新振作起来，这位君主就是公元前613年至公元前591年在位的楚

第十章 "一鸣惊人"的楚庄王

庄王。

我们可以用两个成语来概括楚庄王执政期间的重要经历,分别是"一鸣惊人"和"问鼎中原"。

"一鸣惊人"是一个和贤臣劝谏有关的故事。

楚庄王刚即位的时候,没有人认为他会有所作为。他即位的前三年,日夜饮酒作乐、不理政务,还传下命令:谁敢进谏,杀无赦!大家都噤若寒蝉,不敢进谏。有位名叫伍举(就是后来鼎鼎大名的伍子胥的先祖)的大臣实在看不下去了,就求见楚庄王,跟他说了一个谜语:"有鸟在于阜,三年不蜚不鸣,是何鸟也?"楚庄王说:"三年不蜚,蜚将冲天;三年不鸣,鸣将惊人。举退

楚庄王与伍举

矣，吾知之矣。"此后，楚庄王也的确做到了这一点。他开始整顿内政，罢免了很多不称职的官员，又提拔了以伍举为首的数百位大臣，其中最有才干的人就是孙叔敖。孙叔敖之于楚庄王，类似于管仲之于齐桓公。

楚庄王任用孙叔敖做楚国的相，孙叔敖也不负众望。在辅佐楚庄王期间，孙叔敖的功绩主要表现如下：首先，他施政教民，使得官民之间和睦同心；其次，他执政宽缓不苛却有禁必止，使得官吏不敢做邪恶伪诈之事，民间也没有偷盗事件发生；最后，他兴修水利，发展生产，使楚国的国力迅速提升，为楚庄王的霸业提供了坚实的后盾。后来司马迁编撰的《史记》中有一篇《循吏列传》，文中记录了历史上那些清正廉洁、造福于民的官员，孙叔敖的传记位居第一。

"问鼎中原"讲的是楚庄王想一统天下的故事。

公元前606年，即楚庄王执政的第八年，楚庄王发兵北上，讨伐戎狄部落，战火一直烧到了周王室疆域内。周定王赶紧派大夫王孙满来慰劳楚军。

楚庄王在接见王孙满时，向他询问九鼎的轻重。这件事非同小可。为什么这么说呢？据说当年大禹把天下分为九州，又铸造了九鼎，每一只鼎分别代表一个州，所以九鼎其实就是国家和天下的象征。以前九鼎由周王保管，现在楚庄王居然问起九鼎的轻重，隐隐有取周王而代之的意思。王孙满很机智地回答："在德不在鼎。"王孙满的意思是治理国家靠的是德行，有没有九鼎并不重要。他还对楚庄王说："周德虽衰，天命未改。鼎之轻重，未可问也。"意思是虽然周王室的势力衰弱了，但是天命并没有发生转移，九鼎的轻重，是不可以询问的。所以楚庄王也就没有追问

第十章 "一鸣惊人"的楚庄王

下去。

这就是成语"问鼎中原"的来历。后来,"问鼎中原"也用来形容想要统治天下的雄心。

毛公鼎
台北故宫博物院藏

毛公鼎是西周晚期重器,为目前已知铭文最多的青铜器。依照礼制,天子在祭祀、宴飨(xiǎng)、随葬时使用九鼎八簋,诸侯使用七鼎六簋,大夫使用五鼎四簋,下一等级不得僭(jiàn)越。1997年,河南新郑郑韩故城郑国祭祀遗址中出土的春秋九鼎八簋,证明当时周天子已经式微,礼崩乐坏的局面开始出现。

楚庄王称霸路上最大的敌人是晋国。从晋文公统治时开始,晋国就是北方强国,长期居于霸主地位。楚国若想向北方发展,

> 留下你的思考

晋国的战船倾覆

就必须扫除晋国这个障碍。公元前597年，楚晋两军在邲（今河南荥（xíng）阳市北）展开大战，楚军大胜，晋军狼狈奔逃，士兵们跳进黄河，向北逃命，他们争着攀爬本国战船，导致很多战船倾覆。

公元前589年，楚国在蜀（今山东泰安市西）会盟诸侯，有十几个诸侯参加，其中包括晋、秦、齐等大国的诸侯，这意味着楚国的霸主地位得到了各国的认可。

然而，以晋国为首的北方大国实力都很强，楚国在两国交战并没有绝对优势。多年的战争使各国都筋疲力尽，急需休整。于是宋国的大夫华元、向戌（xū）等人主持召开了弭（mǐ）兵大会，旨在停止战争，实现列国之间的和平。晋楚两国互相承认彼此的霸主地位，延续了100多年的大国争霸战争暂时告一段落。

思维导图

- **"一鸣惊人"的楚庄王**
  - 楚国特殊的地理位置 —— 楚国位于长江中游,经济比较落后、人烟稀少
  - 楚庄王
    - 一鸣惊人:任用孙叔敖做楚国的相,楚国的国力迅速提升
    - 问鼎中原:楚庄王在接见周大夫王孙满时,向他询问九鼎的轻重

发散思考

在中原大国中,还有两位国君曾经也被认为是霸主,其中一位在西部称霸,另一位连打仗都要讲礼仪。你知道他们的事迹吗?

★★★★★

第十一章
勾践卧薪尝胆终破吴

○ 中原大国之间的战火随着弭兵大会召开而暂时熄灭了。接下来，地处偏僻的东南地区的两个国家吴、越即将登场，它们的故事同样波澜壮阔、曲折动人。

敲黑板

·吴越争霸的过程

　　中原大国之间的战火随着弭兵大会召开而暂时熄灭了。接下来，地处偏僻的东南地区的两个国家吴、越即将登场，它们的故事同样波澜壮阔、曲折动人。

　　先简单介绍一下这两个国家。

　　在西周灭商以前，周部落有一位君主，名叫古公亶（dǎn）父，他有3个儿子：太伯、虞仲、季历。季历生了一个儿子，名叫姬昌，姬昌就是后来的周文王。古公亶父非常喜欢姬昌，说："这个孩子将来一定能让周兴旺起来。"

　　古公亶父的另外两个儿子知道父亲想立季历为继承人以传位给姬昌后，为了避免发生争斗，主动离开了周部落。古公亶父的长子太伯来到了今江苏南部一带，当时，这一带的聚居者大多是南方的少数民族，被称作"荆蛮"。太伯在这里建立了吴国。

　　据说越国的祖先和大禹有关。大禹去世后葬在了会稽山，越国的祖先就是大禹的守墓人。《史记·越王勾践世家》中记载，越

第十一章　勾践卧薪尝胆终破吴

人"文身断发,披草莱而邑焉",意思是当地人在身上刺画花纹,剪短头发,披荆斩棘建立了此居住地。由此可见,该地的文化和中原各国文化有很大区别。

春秋时期,列国争霸。力量弱小的吴越两国本无力参与,但由于这两国距离中原文化区相对较近,始终与中原地区保持着联系,同时积极地汲取先进的中原文化,所以春秋后期,列国经过长期战争都已经筋疲力尽之时,吴越两国开始在争霸的舞台上崭露头角。

率先加入争霸行列的是吴国。从地理位置上来看,吴国要想向北方发展,就必须战胜强大的楚国,这谈何容易?但是楚国内部的一场权斗,却给吴国创造了机会。

当时,楚平王动了废嫡立庶的念头,想废掉太子另立继承人。但太子身边有一位能干的臣子伍奢辅佐。楚平王为了削弱太子的势力,就想杀掉伍奢和他的两个儿子。伍奢的次子名叫伍子胥,性格刚烈,不肯坐以待毙,就独自逃亡了,而伍奢和他的长子则不幸遇害。

伍子胥辗转逃到吴国,投靠在吴国公子光门下,时时刻刻想借助吴国的力量攻打楚国,以报父兄大仇。当时,吴王僚和公子光明争暗斗,公子光认为自己比吴王僚更有资格做王。

伍子胥投其所好,任用一位名叫专诸的勇士刺杀了吴王僚,这就是春秋年间著名的"专诸刺王僚"的故事。由此公子光即位,即吴王阖闾。

吴王阖闾在伍子胥的建议下,积极地准备攻打楚国。幸运的是,阖闾还得到了另一位不可多得的人才,即赫赫有名的大军事家、《孙子兵法》的作者孙武。公元前506年,在孙武、伍子胥等人的辅佐下，吴王阖闾亲任主帅，大举进攻楚国，攻占了楚国都城郢（yǐng）（今湖北荆州市荆州区西北）。楚昭王仓皇逃离了郢都。之后，伍子胥为了报仇雪恨，把楚昭王父亲楚平王的尸体从坟墓中挖了出来，鞭尸三百。

虽然吴国对楚国造成了重创，但毕竟楚国很强大，而且楚国大夫申包胥还从秦国请来了救兵，于是吴国只好撤兵。不过首战告捷，而且战胜的是不可一世的楚国，这使阖闾信心倍增，他积极谋划北进中原。此时身边的越国已经悄悄崛起，对吴国的侧翼构成了严重的威胁，使吴国不能放心北上。

为了扫除身边的祸患，公元前496年，阖闾伐越，率军迎战的正是越王勾践。

在战斗中，越军采用了一种奇怪的战术：他们派遣敢死队向吴军挑战，3次冲向吴军阵地，高呼口号，自杀于阵前。吴军对越军的战法瞠目结舌，放松了警惕、卸下了防备，越军趁机发动攻击，大败吴军。战争中阖闾因伤重而死。在临死前，阖闾把太子夫差叫到身边，问他："你会忘记勾践杀死了你的父亲吗？"夫差说："不敢！"

夫差即位后，励精图治，发誓要除掉越国这个心腹大患，为父王报仇。公元前494年，夫差出动全国精兵讨伐越国，大败越军，把勾践包围在会稽。

勾践想和吴军决一死战，但是大夫范蠡（lǐ）和文种（zhǒng）等人劝他从长计议。于是勾践派文种向夫差求和，说："如果您应允，勾践会世世代代做您的臣子，把越国的所有奇珍异宝都奉献给您。否则，勾践会尽杀妻子，把所有的宝物都毁掉，和您决一死战。"

第十一章　勾践卧薪尝胆终破吴

伍子胥对夫差说："勾践是贤君，他手下还有文种、范蠡这样能干的臣子，如果现在不灭掉越国，将来必成祸患，您一定会后悔的。"但是夫差觉得越国已经无法对吴国构成威胁了，便答应了勾践的求和，赦免了勾践，收兵回国。

春秋青铜剑
南京博物院藏

春秋青铜剑长47.6厘米，宽4.8厘米，厚1—2厘米，是一件春秋时期的兵器。青铜剑始于商朝，春秋晚期以后，青铜剑的制作达到成熟。春秋时的吴越两国善铸剑，《战国策·赵策三》中有"夫吴干之剑，肉试则断牛马，金试则截盘匜"的记载。

勾践深思熟虑后，为了让自己保持斗志，时刻不忘在吴国的耻辱经历，在自己的屋里挂了一只苦胆，每顿饭都要尝尝它的苦味。他和百姓共同劳作，夫人则亲手织布。勾践夫妻饮食非常俭朴，也从不穿华丽的衣服，对贤人彬彬有礼。勾践为了孤立吴国，暗中派人联络齐、楚、晋等大国，积极筹划复仇之战。

而此时的夫差志得意满，他认为自己的后方已经安定，于是向北方中原地区扩张。但是伍子胥始终保持着清醒的头脑，不断劝谏夫差，说："勾践不死，一定会成为我们的心腹之患。您一定不能急于北进，应该先伐越国。"

夫差不为所动，仍然一意孤行北上争霸，而且也确实取得了很大进展，于是他越发不把伍子胥的话放在心上，而伍子胥还在

> 留下你的思考

不断地劝谏夫差，夫差一怒之下，令伍子胥自尽。伍子胥临死前对旁人说："一定要取出我的眼睛挂在吴国都城东门上，让我能亲眼看到越军攻入吴国。"

公元前482年，夫差在黄池（今河南封丘西南）与诸侯会盟，力图一举奠定霸主地位。就在此时，越国乘机对吴国的后方发动了攻击，夫差慌忙率军南归，双方打了个平手。此后吴越两国一直处于对峙状态。

公元前473年，越国对吴国发动了总攻，由于吴国的精锐部队在和齐、晋等国的争霸中损失殆尽，吴国全军溃败。于是夫差

吴国战败，夫差自刎

向勾践请和，自称"孤臣"，说："当年在会稽我没有对你赶尽杀绝，现在你能不能对我宽宏大量呢？"

范蠡说："当年在会稽，老天已经把越国赐给吴国了，但是吴国不要。现在上天把吴国赐给了越国，我们怎么能违背天命呢？"勾践还是对夫差有些恻隐之心，想把夫差流放甬东，赐给他百户人家，让他得以安身立命。夫差说："我老了，不能再侍奉你了。我后悔不听子胥之言，让自己陷入这个境地。"于是夫差拔剑自刎，吴国就此灭亡。

此后，勾践也曾北上在徐州（今山东枣庄市薛城区）和齐、晋等国会盟，周王赐予祭肉，并封勾践为"伯"。但勾践去世之后，越国便很快衰落了。

思维导图

- **勾践卧薪尝胆终破吴**
  - **人物**：越王勾践，吴王阖闾、夫差
  - **吴越争霸过程**：
    - 越国把吴国打败了，吴王阖闾在战争中重伤而死
    - 吴王夫差励精图治，又把越王勾践打败了
    - 越王勾践求和，吴王夫差同意
    - 越王勾践卧薪尝胆，最终灭了吴国

发散思考

吴越能够称霸的原因是什么？他们的霸权又为什么昙花一现、转瞬即逝呢？

第十二章
战斗升级的战国时代

○ 东周主要分为春秋和战国两个时期，这也是中国历史上最令人眼花缭乱、最纷繁精彩的时期。春秋五霸，战国七雄，不等你唱罢我便已出场。一起来看看这场『群架』是怎样从打着『尊周王』幌子的短兵相接升级成撕破脸的你死我活。

> 敲黑板
>
> 战国时期列国格局的变化
> ——"陪臣执国命"

战国时期始于公元前 475 年，终于公元前 221 年，上承春秋，下启秦朝，是一个非常重要的时代。提到战国，很多人都会想起"战国七雄"，当然，这并不是说战国时期只有 7 个国家，而是当时诸国中这 7 个国家最为强大，国与国竞争主要在这 7 个国家之间展开，其他国家只能当看客。这 7 个国家是齐、楚、燕、韩、赵、魏、秦。

仔细研究这份七国名单，如果把它和春秋时期的国家做比较，我们会发现两个重要的变化。第一，春秋时期在列国争霸中发挥重要作用和影响的国家还是很多的，前前后后、大大小小，至少有十几个国家，而战国时期则只剩下了"七雄"。第二，在这份七国名单中，我们发现了 3 个新的国名：赵、魏、韩。这说明战国时期列国的格局发生了变化，也说明战国时期的社会动荡和变革与春秋时期相比，有过之而无不及。这种变化是怎么发生的呢？

这要从春秋后期开始说起。西周时期的"礼乐征伐自天子

第十二章 战斗升级的战国时代

出"，到了春秋时期则变成了"礼乐征伐自诸侯出"，而在春秋后期，又出现了一种新的变化——陪臣执国命。

什么是"陪臣"呢？下面的故事可以解释一下"陪臣"。

周襄王在位的时候，一度遇到北方戎族的威胁。当时诸侯的霸主齐桓公派管仲去调解，规劝双方讲和。周襄王想用上卿的礼节接待管仲，管仲叩头辞谢，说道："臣陪臣。安敢！"这句话的意思就是"我是陪臣，不敢接受您接待上卿的规格"。管仲再三谦让，最后周襄王以下卿的礼节接待了管仲。为什么管仲自称陪臣呢？"陪臣"指的是诸侯的大夫，大夫的家臣也可以称作陪臣。因为他不是周天子的直接封臣，而是齐桓公的臣下，所以是陪臣。

"陪臣执国命"，意指国家的权力从国君手中下移到大夫手中，甚至下移到大夫的家臣手中。

管仲跪拜周天子

> 留下你的思考

"陪臣执国命"最典型的国家是鲁国,即所谓"三桓专鲁"。"三桓专鲁"指的是鲁国由孟孙氏、叔孙氏和季孙氏三大家族共同执政,而且世代相传。因为这三家都是鲁桓公的后代,所以被称作"三桓"。在这期间,季孙氏的家臣阳虎竟然把持鲁国政权3年之久,这是典型的"陪臣执国命"。但是"三桓"对于鲁国的国君尚存敬意,大家毕竟都是同姓子孙,不能赶尽杀绝。"三桓专鲁"的时候,鲁昭公曾经发兵攻伐季孙氏,后来"三桓"打败了鲁昭公,将他驱逐,没有自立为国君,而是另立鲁昭公的弟弟宋为国君,即鲁定公。最终,鲁国为楚国所灭,而非亡于本国大夫之手。

然而在其他的国家,国君的命运就没有那么幸运了,比如晋国。当年晋文公流亡列国的时候,有很多对他忠心耿耿的人跟随他。当晋文公回到晋国做了国君后,这些追随他的人就组成了一个世袭的贵族集团,为晋国长期称霸立下了汗马功劳,并且其力量逐渐壮大起来,晋国的大权也慢慢转移到了他们的手里。

战国初年,晋国有"四大家族"——智氏、赵氏、魏氏和韩氏,其中智氏的力量最强。智氏的统治者智伯瑶为了削弱其他三家的力量,以供奉国君为名义,向其他三家勒索土地。魏家和韩家慑于智家的淫威,都献出了土

水灌晋阳

地，但是赵襄子拒绝给智家土地，智伯瑶一怒之下，率领智家、魏家、韩家联军向赵家发动攻击，约定灭赵之后分掉赵家的土地。联军把赵襄子围在晋阳（今山西太原市西南），晋阳城防非常坚固，一时之间攻打不下，三家联军就引附近的汾水来灌晋阳。晋阳由于长期被围困，粮食耗尽，竟到了易子而食的地步，形势极其危急。

智伯瑶觉得自己胜券在握，得意忘形，顺嘴说了一句话："我今天才知道用河水也可以灭亡一个国家。"这时身旁的魏桓子就用胳膊肘碰了一下韩康子，韩康子也踩了魏桓子的脚一下，两人心领神会。因为两人顿时想到汾水也流经魏家的安邑（今山西夏县西北）城外，而韩家的平阳（治今山西临汾市西南）城外有绛水，他们不禁替自己的命运担心。而赵襄子又派秘使来游说二人，建议三家联合，共灭智家。这正中

白捡的知识

战国

当时就已经有"战国"一词，指代连年征战的齐、楚、燕、韩、赵、魏、秦。到了西汉末年，刘向编辑《战国策》一书时，"战国"一词开始成为一个特定时期的名称。

陪臣

陪臣指诸侯的大夫，大夫的家臣也可称作陪臣。在战国时，国家的权力从国君下移到大夫，甚至下移到大夫的家臣手中，代表有"三桓专鲁""三家分晋""田氏代齐"。

"战斗升级"是什么意思

春秋时期，诸侯打着"尊王攘夷"的旗号打争霸战争。战国时期战争的规模变大，兼并性变强，开始使用铁兵器，修筑长城，军事理论如《孙子》等得到发展。规模变化如春秋城濮之战，晋楚两军各约2万和4万人。到了战国的马陵之战，仅魏国就动用"十万之军"。影响士兵人数的一个重要原因是春秋时士兵以贵族、奴隶主和国人为主，战国则以农民为主。

> 留下你的思考

魏、韩两家的下怀，于是三家联军向智家发动突然袭击，智军全军覆没，智伯瑶也被杀了。

三家灭掉智家后，索性一不做二不休，在公元前403年正式向周威烈王请求获得诸侯的地位，而周威烈王竟然答应了。这三家就从过去的"陪臣"升级成了诸侯，后来又瓜分了晋国的土地。这就是"三家分晋"。于是，在春秋时期做过长期霸主的不可一世的晋国就此从列国的名单上消失了，取而代之的是三个新的国家——赵、魏、韩。

其实，七国名单上还有一个国家也发生了巨大的变化，只是国名未改，即东方的齐国。春秋后期，齐国的大权逐渐落到了田姓家族的手中。这个家族为了笼络人心，用大斗借出粮食，用小斗收回，还把山上的木材和海边的鱼、盐运到市场出售却不加价，结果民众都归心于田氏了。公元前386年，田和得到周安王的允许，正式成为齐国国君。从此，齐国的国号没有变，国君却从姜氏变成了田氏。而齐国的姜姓末代国君齐康公则被田和放逐到了海岛上。

"三家分晋"和"田氏代齐"所带来的战国格局的变化，产生了怎样的影响呢？

1000多年以后，北宋的大学者司马光编撰《资治通鉴》时，特意选择了公元前403年，即周威烈王承认赵、魏、韩三家为诸侯的那一年，作为这部编年体通史的开端。他认为，君臣名分就像天尊地卑一样不可改变，名分存在，国家就不会灭亡。而周王对三家分晋之事非但不加惩罚，反而予以正式承认，是自坏纲纪，最终导致周朝的衰亡。司马光的话恰恰反映了这两件事所造成的影响。春秋时期，尽管分封制和宗法制走向瓦解，但依然具有很大的影响力，各国国君在争霸中也大都打着拥戴周天子的名

第十二章　战斗升级的战国时代

义，周王"天下共主"的名分还在，而大部分诸侯国之间也还存在着一定的血缘亲族关系。然而，"三家分晋"和"田氏代齐"之后，各国之间的血缘联系大为疏远甚至完全断绝，西周分封的格局完全被颠覆，这说明旧制度在越来越快地走向瓦解，周天子也越来越不被各国重视。后来，各国的国君纷纷把自己的称号改成了"王"。公元前256年，秦国直接灭掉了东周。至此，东周政权完全覆灭。

格局的变化也改变了战国时期的战争形态。春秋时期的战争是贵族战争，规模不大，动用数万兵力已属大战，作战方式主要是战车冲击。由于各国之间还存在着密切的血缘关系，加之战争目的主要是称霸，而并不是消灭对方，所以战争并不太残酷，作战双方有时还讲究礼仪。而战国时期，战争日益频繁，有的学者统计，战国240多年中，大规模的战争有460余次，平均约每年2次。战争的规模越来越大，动辄数十万兵力，而战争的兼并性也日益超过争霸性，你死我活，残酷无比，各国的生存环境愈加恶劣。

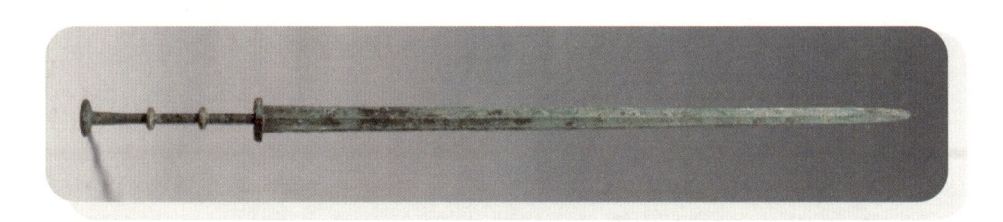

嵌松石长剑
故宫博物院藏

嵌松石长剑，战国后期兵器，通长93.5厘米，宽5厘米，重0.75千克。战国时期铜剑的铸造有较大发展，制作日精，对于长短、重量和品级甚为考究。从西周时期短如匕首的铜剑，到战国后期的长剑，兵器的杀伤力提高，从侧面说明战国时期战争日益频繁。

思维导图

战斗升级的战国时代

- **战国七雄** —— 齐、楚、燕、韩、赵、魏、秦

- **陪臣执国命：国家的权力从国君手中下移到大夫手中，甚至下移到大夫的家臣手中**

  - **鲁国，三桓专鲁：** 孙氏、叔孙氏、孟孙氏三大家族把持鲁国朝政，驱逐鲁昭公，另立鲁定公

  - **晋国，三家分晋：** 智氏、赵氏、魏氏和韩氏四家势力强大，经过内战，最终赵氏、魏氏和韩氏灭智氏。晋国变成三个新诸侯国

  - **齐国，田氏伐齐：** 齐国大权落入田姓家族，田和成为齐国国君，国号未变

发散思考

战国年间发生过哪些著名的战役？这些战役发生在哪些国家之间，造成了怎样的影响呢？

第十三章 商鞅是成功者还是失败者

○ 面对日益严酷的环境,各国为了生存,纷纷改革变法,以图富国强兵。在这场改革的浪潮中,秦国的商鞅变法效果最为显著。他采用的一种新的政治制度——中央集权制在全秦国得以推行,对中国政治的历史产生了极其深远的影响。

商鞅在秦国主政时期,秦国国力迅速增强,对外作战也节节胜利,这为秦国最后统一天下奠定了基础。

- 商鞅变法的背景
- 商鞅变法的主要内容和影响

　　面对日益严酷的环境，各国为了生存，纷纷改革变法，以图富国强兵。

　　在这场改革的浪潮中，秦国的商鞅变法效果最为显著，且历史影响最大。

　　在西周的诸多分封国中，秦国属于典型的后起之秀。一直到西周末年，秦才正式作为诸侯国出现在西周的版图上。

　　西周末年，动乱频仍。镐京失陷，周幽王被杀。秦襄公与卫武公、晋文侯、郑武公共同率兵营救西周，立幽王故太子宜臼为天子，是为周平王。公元前770年，秦襄公带兵护送周平王东迁洛邑，周平王正式封秦襄公为诸侯，并且把被犬戎占领的西周故地都赐给了秦人，称"秦能攻逐戎，即有其地"。

　　此后百余年的时间，秦人致力于驱赶西戎各族，最终在关中地区站稳了脚跟。秦穆公在位时（公元前659年—公元前621年），秦国参与中原大国的争霸活动，取得了一些进展，整体实力有所增强。

但秦国因地域偏僻，又长期和戎族交战，所以在列国之中，经济和文化实力都较为落后。秦国东方又有一只拦路虎——强大的晋国，这使秦国很难向中原发展。所以，在其他东方国家的眼里，秦国一直被视为夷狄，封闭又落后。

公元前361年，秦孝公即位，时年21岁。秦孝公是一位很有雄心抱负的君主，力图改变秦国的落后面貌。由于秦国人才凋零，秦孝公向天下发出"求贤令"，许以高官厚禄，征召治国人才。商鞅就在这样的背景下来到了秦国。

商鞅，本名公孙鞅，因为他是卫国的贵族，所以又被称作卫鞅。后来，他在秦国因变法立功，得到了一处叫商（今陕西商洛市东南）的封地，所以他又被称为商鞅。

商鞅信奉法家学说，认为只有严刑峻法才能使国家富强。

白捡的知识

战国时代法制建设的大环境

随着各国形势的变化，春秋后期，部分诸侯国已经开始确立刑法标准并公之于众。

公元前536年，郑国"铸刑书"；公元前513年，晋国"铸刑鼎"。

战国时期各国大多开始变法，除商鞅变法外，主要的变法有魏国李悝（kuī）变法，楚国吴起变法，齐国邹忌变法，韩国申不害变法等。《史记·商君列传》记载："治世不一道，便国不法古。故汤武不循古而王，夏殷不易礼而亡。反古者不可非，而循礼者不足多。"法家思想认为崇古是一种罪恶，君主应严厉实行法治，加强集权，进行变革。

商鞅变法的最终目的是富国强兵，重农轻商、全民皆兵、严刑峻法都是为了完成这一目的。

改变历史的牛

春秋战国时期，随着铁犁牛耕的出现，土地私有制的确立，以家庭为生产、生活的基本单位的自给自足的小农经济开始形成。

> 留下你的思考

但是卫国是一个弱小的国家，无法为他提供建功立业的平台。于是商鞅来到魏国，成了魏国相国公叔痤的家臣。公叔痤很赏识商鞅的才干，但还没来得及举荐商鞅，就得了重病。魏惠王来探视公叔痤时，公叔痤向魏惠王举荐了商鞅，夸他"年虽少，有奇才"，公叔痤认为魏惠王甚至可以把国家托付给商鞅。魏惠王对此不置可否，而公叔痤接着说："您要是不想用他，就一定要杀掉他，不能让他到其他国家去。"魏惠王答应了。魏惠王离开后，公叔痤对商鞅告以实情，劝他赶紧离开魏国，但商鞅从容地说："大王既然没有听您的话重用我，也肯定不会听您的话杀了我。"

后来，商鞅听说秦孝公发布了求贤令，就来到了秦国。秦孝

秦孝公和商鞅

公连续 4 次召见商鞅。前 3 次中，商鞅和他谈论的都是古代帝王的治国之术，结果秦孝公听得昏昏欲睡。直到第四次，商鞅和秦孝公谈强国之术，也就是法家学说的治国理论，这才引起了秦孝公的兴趣，两人连续讨论数日都不知疲倦。秦孝公由此认定商鞅正是他需要的人才，对商鞅委以重任。于是，商鞅得以在秦国实行变法改革。

商鞅是如何让秦国逐渐强大起来的呢？

对秦国人来说，商鞅是个外国人，在当地毫无根基，因此很多旧贵族都看不起他，不肯支持他变法。

作为法家的信徒，商鞅知道政权必须有权威性，令行禁止，言出必行，否则无论颁布怎样的法令都会形同虚设。所以在实行改革之前，他必须先树立政权权威，取得人民的信任。

商鞅想了一个办法：他命人在秦国都城的南门立了一根 3 丈高的木头，同时宣布，如果有人能把这根木头搬到北门，立赏 10 金。大家都觉得不可思议，所以谁都不敢去搬这根木头。后来，商鞅又把赏金提高到 50 金，终于有一个人把木头搬到了北门，商鞅果然重赏了他。

这就是著名的"立木取信"的故事。商鞅用这个办法在秦国的民众中树立了威信，随后便开始颁布新法令。

新法令的主要思想为以下三点。

第一，奖励耕织。在七雄兼并的环境中，对一个国家来说，自身的军事力量至关重要。军事力量植根于国家的经济基础，而当时政府的主要经济来源是农业。所以商鞅颁布法令，明确保护个人对土地的所有权，并规定：凡是致力于农耕和纺织、上缴赋税较多的人，政府都会免除其劳役负担，以资奖励；对于那些从

> 留下你的思考

奖励农耕和纺织

事手工业或商业，并因经营不善最终破产的人，政府会将其及家人都罚作官府的奴隶。以此警示民众，防止商业对农业的冲击，保证农业生产的发展及政府财政收入的持续和稳定。

第二，奖励军功。商鞅为秦国制定了"二十等爵制"，爵位的高低对应着不同的政治和经济特权。对秦人来说，要想获得高爵位，主要途径就是在战场上杀敌立功。无数希望杀敌立功的秦人对壮大秦国的军事力量起到了重要作用。秦国的旧贵族过去可以凭借出身把控、垄断政治权力，但现在他们和平民百姓一样，只有通过立军功才能获得政治地位，所以这条法令招致了旧贵族的怨恨。

第三，控制民众。商鞅的最终目的是令秦国强大，所以他要求民众绝对服从法令，不得反抗。他把民众按照"五家为一伍，

第十三章 商鞅是成功者还是失败者

两伍为一什"的编制集合起来，实行连坐政策，让民众互相监视。你的邻居犯了法，如果你告发他，你就会和在战场上杀敌一样受到赏赐，反之则会和在战场上投降一样受酷刑而死。

商鞅变法的指导思想是"治世不一道，便国不法古"，也就是说，治理国家不是只有一种方式，不必事事效法古代。当时社会上极具影响力的儒家喜欢以理想中的古代社会为模板，与当时作比，非议当代，这在商鞅看来不利于改革的推行，也不利于秦国强大，所以他下令焚烧儒家经典，打击复古思潮。就此，秦国的民众成了政府赋税的来源和战场上的兵力，他们必须严格遵守国家的法令，不能有独立的思想。

在法家思想中，国君是独掌大权的人，也是法令的制定者。西周实行的分封制度则是把对地方的控制权分散到各诸侯国的手

民众告发

> 留下你的思考

里，所以商鞅在秦国废除了分封制度，推行一种新制度——县制。他把全国分成41个县（也有一种说法是分成了31个县），每个县设县令、县丞和县尉，其中，县令是一县之长，县丞和县尉分别执掌民政和军事。这些官员不同于以前的贵族，而是根据一定的标准选拔出的职业官僚，由国君任免。这也是一种新的政治制度——中央集权制的雏形，该制度后来在全国推行，对中国政治历史产生了极其深远的影响。

商鞅在秦国主政时期，秦国国力迅速增长，对外作战节节胜利，这为秦国最后统一天下奠定了基础。然而，变法却招致了旧贵族的仇恨，他们用秦太子做挡箭牌，鼓动太子触犯法律，逼迫商鞅放弃变法。

商鞅说："法令不能正常施行，都是因为上边的人犯了法却没有受到相应的惩罚。"但商鞅又不能处罚太子，于是他就把太子的两个老师处以刑罚，以示惩戒。公元前338年，最支持商鞅变法的秦孝公去世，太子即位，是为秦惠文王。

后来，有人告发商鞅要谋反，商鞅逃亡途中想投宿客栈，但是客栈的主人说："按商君的法令，让没有证件的人留宿是要被治罪的。"商鞅无奈，只好回到自己的封地。最后，商鞅被秦惠文王杀死，尸体被车裂示众。

商鞅在秦国的变法改革使秦国迅速成为七国中最强大的国家，这为秦国最终实现统一打下了基础。

即使是对商鞅恨之入骨的秦惠文王，在商鞅死后也并没有废除他的新法，而是继续推行新法，但商鞅本人最终身败名裂。

思维导图

商鞅是成功者还是失败者

- **变法背景**：铁制农具和牛耕的进一步发展，带动生产力水平提高，新兴地主阶级势力增强；各国为了在兼并中取胜，纷纷改革变法，以图富国强兵
- 秦孝公任用商鞅在秦国实行变法改革
- **商鞅变法法令**：
  - 奖励耕织
  - 奖励军功
  - 控制民众

发散思考

商鞅到底是一个成功者还是失败者？
你的判断依据是什么？

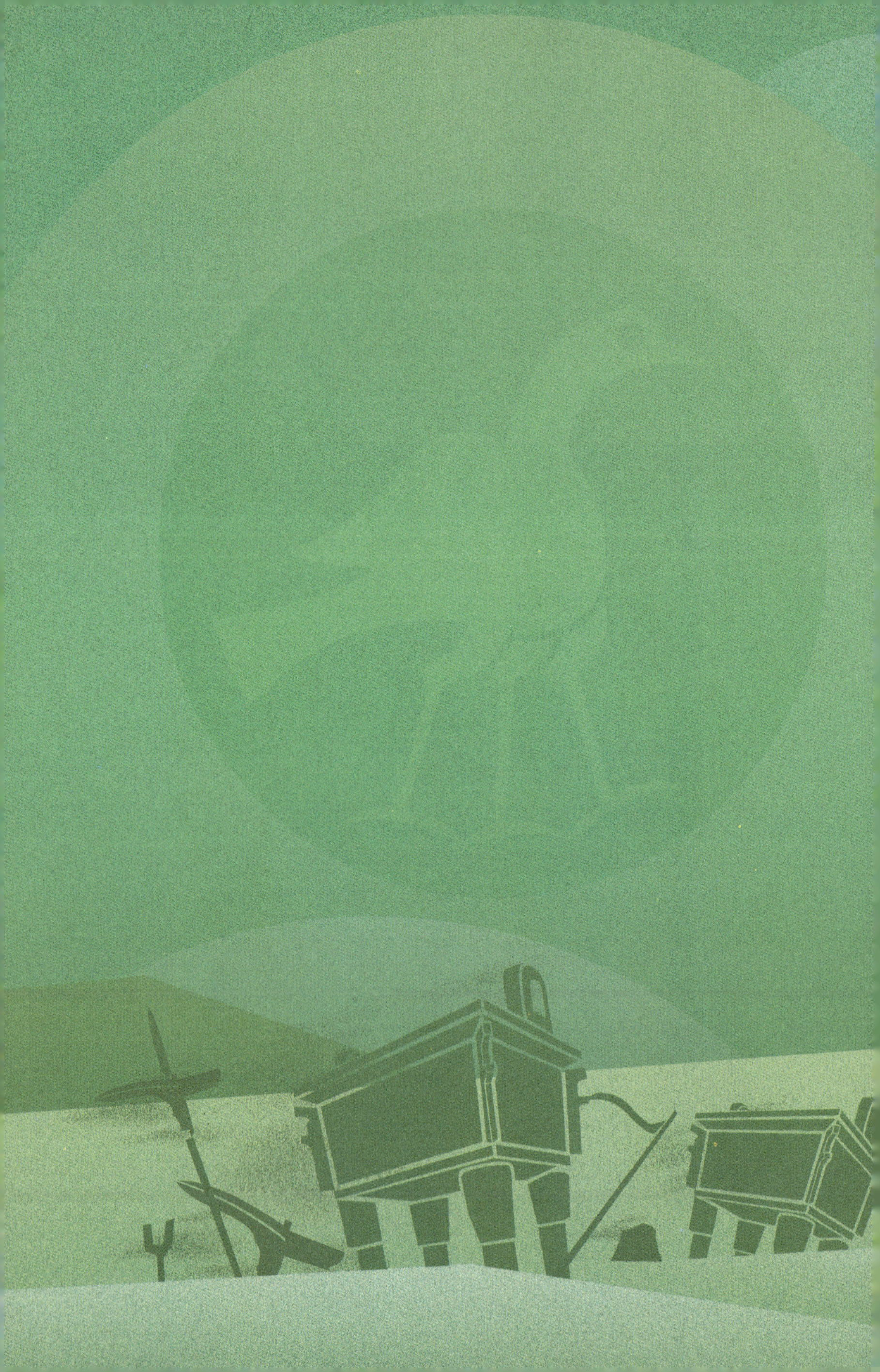

第十四章 秦国真的坑杀了40多万降卒吗

○因为赵国的国君赵武灵王曾推行『胡服骑射』的改革，赵国实力迅速强大了起来。在当时的东方六国中，赵国是唯一有实力与秦国抗衡，阻止秦国扩张的国家。公元前260年，赵国和秦国在长平进行了一场决战。赵军首领被杀，40万赵军群龙无首，全部向秦军投降，却被尽数处死。这40多万人都是戴甲武士，难道他们就甘心坐以待毙吗？这到底是夸张的传说还是历史的真面目？

敲黑板

- 秦国的统一战略
- 长平之战

　　秦国在商鞅变法后一举成为战国七雄中最强大的国家，为最终统一六国奠定了基础。然而，统一大业的完成不仅要有强大的国力做支撑，还要有高明的战略。

　　商鞅变法之后，随着秦国实力逐渐增强，其他各国开始感受到威胁，为此有人提出采取"合纵"的战略，即东方六国结成一个反秦联盟来遏制秦国的发展。

　　对此，秦国则采取"连横"的战略，即以秦国与东方六国中的某一国结盟的方式来分化、瓦解各国的反秦联盟。

　　政治上的战略很成功，但在军事战略上，秦国缺乏明确的对外战略，甚至还发生过越过邻近的韩、魏等国去攻打远方的齐国这样费力不讨好的事。秦昭襄王在位期间（公元前306年—公元前251年），军事上的对外战略才被明确提出，并得到了长期的贯彻。

　　说来有意思的是，秦国政治上的由弱变强是由商鞅这个"外来户"完成的，而秦国军事上的对外战略也是由一个"外来户"

提出的。这个人叫范雎（jū），是魏国人，因在本国遭到权贵的迫害而来到秦国避难。他在见到秦昭襄王之后，就明确指出秦国当时对外战略的错误。比如越过韩、魏等国去攻打齐国，这样的战略是不对的。因为如果出兵少，那就无济于事，打不过人家；如果出兵多，又容易导致自己后方空虚。所以，对外战略应该是远交近攻，即结交距离秦国远的国家，如齐国，攻击距离秦国近的邻国，如韩、赵等国，这样，无论得尺得寸，最后都会是秦国的土地。

秦昭襄王觉得这个战略很有道理，就接受了范雎的建议，并任命他为相。从此，"远交近攻"就成为秦国既定的对外战略，而且得以长期执行，直至秦国统一六国。

当时的东方六国中，赵国是唯一有实力与秦国抗衡，阻止秦国扩张的国家。因为赵国

白捡的知识

两句话记牢"合纵"与"连横"

合纵——六国对秦，"合众弱以攻一强"，各国南北联系以遏制秦。

连横——秦对六国"事一强以攻众弱"，东西方向联系各国以破解反秦联盟。

搞不定的"合纵"

"合纵"策略有一个最致命的缺陷：各方面的力量很难协调一致，结果就是大家看似团结，其实相当松散。情况危急的时候，各国首先要自保，都不愿承担损失；而战事顺利的时候又为利益分配闹起内讧。西汉的贾谊在《过秦论》里说："诸侯恐惧，会盟而谋弱秦，不爱珍器重宝肥饶之地，以致天下之士，合从缔交，相与为一……秦人开关延敌，九国之师，逡巡而不敢进。秦无亡矢遗镞（zú）之费，而天下诸侯已困矣。于是从散约败，争割地而赂秦。"就是说各国没法真正团结在一起，最后只能散伙。

东汉末年，十八路诸侯讨伐董卓的时候也是这样，气得曹操写《蒿里行》痛斥："初期会盟津，乃心在咸阳。军合力不齐，踌躇而雁行。势利使人争，嗣还自相戕（qiāng）"。

的国君赵武灵王曾推行"胡服骑射"的军事改革，即采用北方少数民族的简洁服饰和骑射的作战方式，所以赵国实力迅速强大了起来。

在一段时间里，赵国人才辈出，乐毅、蔺相如、廉颇等政治、军事人才相继得到重用。公元前270年，由名将赵奢指挥的赵军还曾经打败过秦军。所以，秦国在扩张兼并的道路上，必须要扫除赵国这块绊脚石，两国之间早晚会发生火星撞地球般的大碰撞。两国的大碰撞最终发生在公元前260年，这就是战国时期规模最大的战役——长平之战。

其实，长平之战是由秦国攻打韩国引起的。韩国（位于今山西东南部和河南中部）紧挨着秦国，正好挡在秦国向东扩张的道路上，再加上韩国是七国中最弱小的国家，所以，无论是从"远交近攻"的战略出发，还是从"先弱后强"的原则出发，韩国都是秦国必须首先扫除的障碍。

公元前262年，秦国首先发兵占领了韩国的野王（今河南沁阳市），这样一来，韩国北部的上党地区和本土的联系就被切断了。上党地区的韩人不愿屈从于秦，于是向北方的赵国投降，想借助赵国的力量来抗秦。当时赵国的国君赵孝成王认为，不费吹灰之力就能得到上党地区的17座城，这是天大的便宜，于是就答应了韩人的请求。赵孝成王没想到自己占这点儿小便宜，结果招来了一场大祸患。

公元前260年，秦国发重兵攻打已经属于赵国的上党地区。赵国则派名将廉颇在长平地区（今山西高平市西北）迎战。廉颇知道秦军强大，不可硬碰硬，便采取坚壁清野的战术，固守不出，想要以此消磨秦军的锐气。

第十四章　秦国真的坑杀了40多万降卒吗

韩人向赵国投降

但是赵孝成王沉不住气，多次催促廉颇主动发起进攻。而此时秦国也派人在赵国散布谣言，说廉颇老迈，不是秦军的对手，他就要投降秦国了；还说秦人最怕赵奢的儿子赵括领兵。昏庸急躁的赵王果然中计，让赵括代替廉颇为前军主帅。

赵括就是"纸上谈兵"的主角。据说他自幼学习兵法，总能说得头头是道，连他父亲赵奢都说不过他。赵奢曾经对妻子说："打仗是你死我活、生死存亡的大事，但是在赵括嘴里却变得轻而易举。将来赵国不用他则已，如果用他为将，早晚会打大败仗。"后来听说赵王果真用赵括为将，赵括的母亲便上书极力劝阻赵王，但是赵王却一意孤行。

秦王听说赵国中计上当了，立刻行动起来。秦王任命秦国的名将武安君白起为上将军，命他秘密赶赴前线指挥；同时传令军

> 留下你的思考

中谁若敢泄露白起上任的消息,杀无赦。还被蒙在鼓里的赵括刚刚到任,果然轻率地向秦军发起了进攻。秦军先是诈败,把赵军引到自己的壁垒前,坚守不出。随后白起同时出动两支骑兵迂回进军,切断了赵军的退路,并把赵军分割成了两部分。赵军被包围,作战不利,只好就地筑垒防御。秦王听说白起已经把赵军主力包围了,立刻到前线亲自督战,并征发秦国内所有15岁以上的男子开往长平,堵住赵国的援军。赵括的军队被秦军围困了46天,粮尽援断,军中开始发生士兵自相残杀、人吃人的惨剧。

赵军屡次试图突围都没有成功,赵括走投无路,亲自率领精锐部队突围,想要杀出一条血路,结果被秦军射死。40多万赵军群龙无首,全部向白起投降。白起怕无法控制这么多的赵国战俘,

赵括被秦军射杀

第十四章 秦国真的坑杀了40多万降卒吗

竟将这40多万人尽数处死，最后只留了240名年轻士兵，放他们回赵国报丧。

由于史书没有记载这次坑杀战俘的细节，所以千百年来不断有人质疑这一事件的真实性。例如：这40多万人到底是如何被杀死的，是被活埋还是被斩首的？这40多万人都是戴甲武士，就算是被解除了武装，难道他们就甘心坐以待毙吗？

由于这些内容在史书中都语焉不详，所以有人干脆认为秦国杀害赵国40多万战俘这件事没有发生过。

终于，这个谜题在20世纪末被解开了。

在今山西省高平市西北有个永禄村。当地的村民在田地里耕作或者在盖房子挖地基的时候，经常会挖出白骨。由于数量不多，不明就里的村民都没把这当回事。然而，1995年5月的一天，当地一对姓李的父子在耕地中劳作时，土层坍塌，露出了一个土坑，而坑中填埋的竟然是一层层叠压在一起的白骨，此外，还有战国时期的货币、盔甲和箭头等。

当地的文物部门随即对这个坑进行了发掘，清理出100多具尸骨，而且还发现了其他的埋骨坑，其中所埋的尸骨更多。经过鉴定，这正是长平之战中秦国坑杀赵国战俘的尸骨坑。

至此，坑杀战俘一事才成为真正的信史，这也让后人对战国时期战争的规模与残酷有了更直观、更具体的了解。

长平之战后，秦国本想一鼓作气，拿下赵国。但是由于秦国在长平之战中也受了巨大的损失，秦军死伤过半，国内空虚，且赵国又派了一位著名的说客苏代去挑拨范雎与白起的关系，于是秦昭襄王下令班师回国，长平之战就此结束。

至于坑杀战俘的名将白起，他的结局很悲惨。他因为与范雎

> 留下你的思考

结怨，进而得罪了秦昭襄王，最后竟被勒令自尽。为秦国征战一生，立下赫赫战功的白起，对自己沦落到这个下场忿忿不平，然而他转念一想，说："我确实该死。长平之战中赵国降卒数十万，我对他们先骗而后杀，这就是我该死的理由。"于是白起自尽。

在长平之战中，秦国虽然没有直接灭掉赵国，但使赵国元气大伤，从此没落。这样，秦国兼并统一的道路上就又少了一个劲敌。

但是由于这场战争太过残酷，所以历史上对它的评价一直存在争议。

错银弩机
台北故宫博物院藏

战国时期，弩被广泛使用。弩射程远，威力大，杀伤力远超弓箭，是战国时期战争特点的反映。

思维导图

秦国真的坑杀了40多万降卒吗

- **战略**
  - 连横，即以秦国与东方六国中的某一国结盟的方式来分化、瓦解各国的反秦联盟
  - 远交近攻

- **实战：长平之战**
  - 秦国攻打韩国，韩人向赵国投降、求助，秦国攻打赵国
  - 赵国派出"纸上谈兵"的赵括领军，被秦国上将军白起率领的秦军打败，赵国40多万战俘被处死

发散思考

除了被发现的长平之战中秦国坑杀赵国战俘的尸骨坑，你还能找到哪些资料证明长平之战坑杀战俘一事是真正的信史呢？

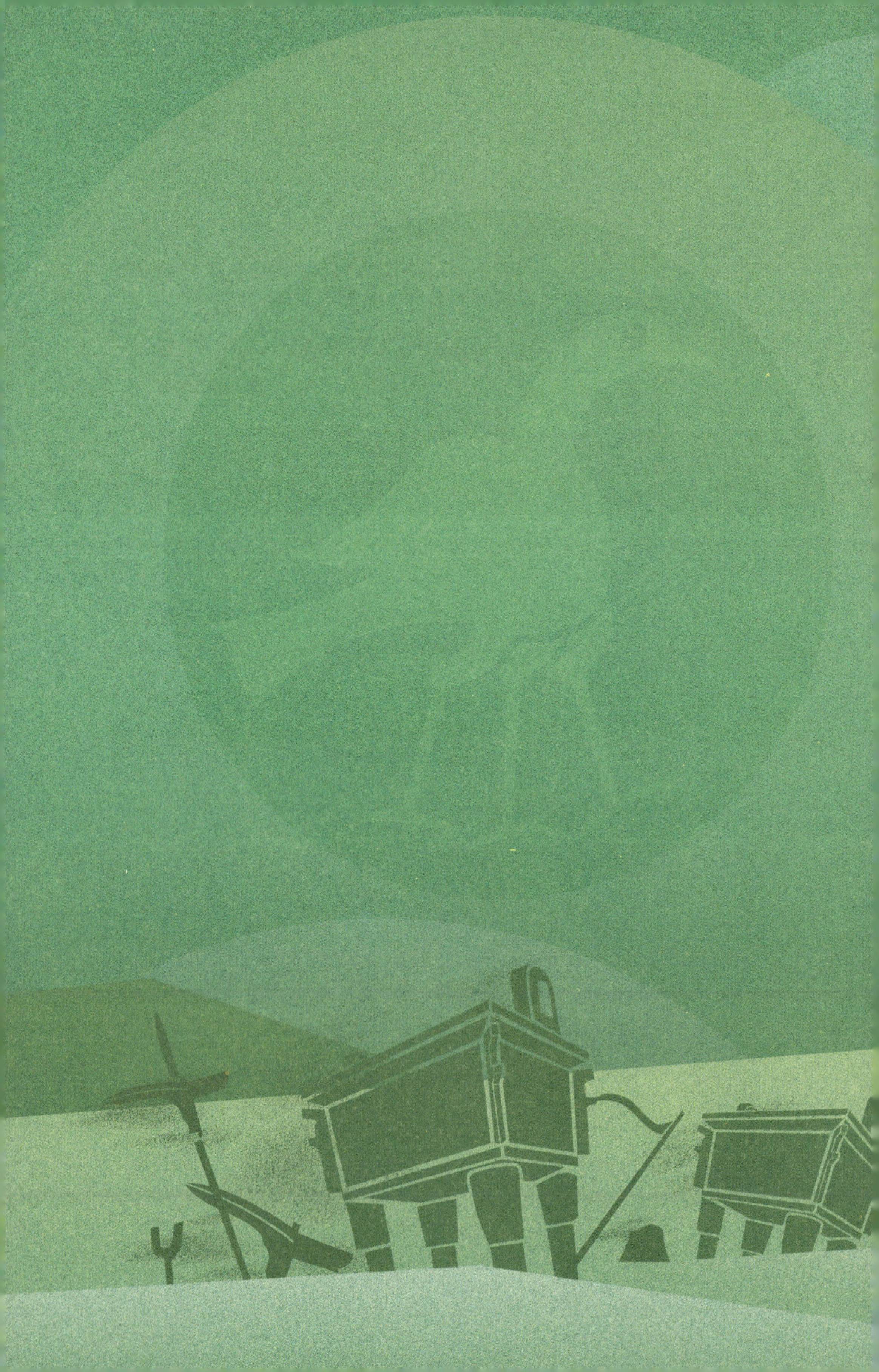

第十五章

孔子为何在中国地位如此之高

○ 春秋战国时期另外一个重要领域是思想文化领域。这一时期形成了著名的百家争鸣的局面,产生了很多对中国文化影响深远的学说,也诞生了很多文化名人。如果让人们从中选择一个人物作为中国文化的代表,想必孔子的得票率会非常高。

孔子及其思想

春秋战国时期另外一个重要领域是思想文化领域。这个领域里所发生的重大变化对后世有着深远的影响。

春秋战国时期形成了著名的百家争鸣的局面，产生了很多对中国文化影响深远的学说，也诞生了很多文化名人。如果让人们从中选择一个人物作为中国文化的代表，想必孔子的得票率会非常高。

关于孔子，主要介绍两点。

第一，孔子是一个怎样的人？

第二，他创立的儒家思想是一种怎样的思想？

孔子名丘，字仲尼，他的先祖是商朝的开国君主商汤，祖上有一位还在宋国做过大司马，但是为政敌所杀。这位大司马的后代跑到鲁国避难，因此孔子出生在鲁国陬（zōu）邑（今山东曲阜市东南）。

孔子曾言："吾少也贱，故能多鄙事。"也就是说他小时候家境贫寒，所以能干很多粗活。他3岁丧父，17岁丧母，在一个很艰难的环境里长大，鲁国的贵族们一度很看不起他。

有一次鲁国的大夫季孙氏宴请士人，孔子也去赴宴，却被季孙氏的家臣阳虎拒之门外，阳虎还酸溜溜地说道："我们宴请的是士人，可不敢请你呀！"但是孔子不以为意，更加发奋学习。

鲁国的礼乐制度保存得很完整，鲁国被称为"礼仪之

孔子少年时

白捡的知识

孔子的"原创"哲学

"仁"的概念在孔子之前就存在。春秋以前，人们一般把尊敬亲长、爱护民众、忠于君主等美德称为"仁"。孔子将"仁"发展成系统的学说，也更为重视"仁"和"礼"的结合。

孔子将"仁"和"礼"联系在一起，认为只有克制自己，使得自己的行为符合外在的道德规范，做到"非礼勿视，非礼勿听，非礼勿言，非礼勿动"，才算是有仁德，符合"礼"的要求。除了"仁"和"礼"，孔子还主张"中庸"，实现事物发展的内在和谐与平衡。

孔子的思想在诸国争霸和社会变革时代没有受到太多重视，汉朝以后，经过历代学者的发扬和统治者的改造，完整的儒家思想体系逐渐形成，成为中国传统文化的主流。

除了思想和教育上的贡献，孔子在晚年整理了文化典籍《诗》《书》《礼》《义》《乐》《春秋》，后世称"六经"。后来这些文献成为儒家经典，对夏、商、西周的文化传承做出了重要贡献。

留下你的思考

邦"。孔子从小就对礼乐文化产生了浓厚的兴趣,后来一直致力于钻研这种文化。

他刻苦学习,不耻下问,勤于思考,精通礼、乐、射、御、书、数六艺,逐渐在鲁国有了贤达的名声。在年过半百时,他终于有了施展自己政治抱负的机会。

当时在鲁国主政的季桓子起用孔子做中都宰(县邑长官),后来孔子因政绩突出不断得到提拔,成为鲁国的大司寇,也就是全国的最高司法长官。孔子还代理过鲁国的相,把鲁国治理得井井有条。

鲁国的邻国齐国怕鲁国日益强盛威胁到自己,就送了大量的美女和骏马给鲁国的国君。鲁定公和季桓子沉湎于声色犬马之中,不理朝政。

后来,因政治主张和执政的"三桓"不合,孔子辞去了官职,带着自己的弟子们周游列国,希望找到一个能赏识自己的国君,从而实现自己的政治抱负。

孔子这一去就是14年,辗转卫、陈、曹、宋、郑、蔡、楚等国家,见过大大小小的封君70多人,结果不仅没人重用他,有时他的处境甚至还十分狼狈而危险。他在郑国的时候,和弟子走散了,独自一人站在东门外。他的弟子子贡向人打听他,有人说,东门外有一个人,长得像古代的圣贤,可是更像一只丧家之犬。子贡找到孔子以后把那人说的话告诉了他,孔子只能苦笑。孔子曾在陈国被困绝粮,幸亏楚王派人营救才得以脱困。

在68岁时,孔子回到鲁国,不再做官,晚年的大部分时间他都用来与弟子切磋学问和著书立说,直到73岁去世。

回看孔子的经历,我们发现孔子一生仕途并不顺利,他在鲁国只做了短短4年的官，无论在鲁国还是在其他国家，他的政治抱负都没有实现。那他靠什么在中国历史上留下了那么深刻的影响呢？答案是他在文化教育方面的成就。

他招徒讲学，打破了西周时期学在官府的垄断。此外，他创立的儒家思想后来成为中国传统社会的主流思想，从思维方式和行为方式上，对中国文化产生了极其深远的影响。

那么儒家思想又是怎么一回事呢？它都主张些什么呢？

这要先了解儒家思想的核心内容。

儒家思想在中国发展了几千年，内容庞大驳杂，但是万变不离其宗，它的核心内容一以贯之——"仁"。

"仁"是什么意思呢？孔子对它的解释是：爱人。它又集中体现在"忠恕"上。

孔子有一次对他的学生曾参说，他的学问有一条贯穿始

白捡的知识

百家争鸣

百家争鸣是社会大变革在意识形态上的反映。

"百家"为虚指，是对先秦至汉朝初期各学派的总称，形容学派众多。东汉班固将百家概括为儒、道、阴阳、法、名、墨、纵横、杂、农等，合称九流。其中影响最大的是儒、墨、道、法四家。

"争鸣"指当时代表各阶级、阶层的学者、思想家，针对当时社会现实问题，按照本阶级、阶层的利益诉求，各自发表见解。

诸子百家的讨论各有侧重，儒、墨、法侧重政治道德，道家侧重哲学的探讨，名家侧重逻辑问题……各家学说在争鸣中相互吸收和融合，形成了学术文化上空前繁荣的局面。

> 留下你的思考

终的主线。其他人问曾参这是什么意思，曾参说老师的学问就是"忠恕"这两个字。

其中"忠"的意思是"己欲立而立人，己欲达而达人"，也就是成全别人的意思，可以理解为"仁"这个原则的积极方面；而"恕"则是恪守的底线，意思是"己所不欲，勿施于人"，也就是说，你自己不愿意做的事情，不能强迫别人去做。这和我们今天所提倡的"换位思考"很接近。从这些原则来看，儒家首先是一个伦理学说，也就是关于人和人如何相处的学说，而它对"仁"的解释和具体做法，在今天仍然有很重要的现实意义。

但是只有伦理是不行的，当时天下大乱，战事频繁，民不聊生，孔子当然不能置身事外，他一定要为治理国家提出自己的政治思想。

孔子讲学

第十五章 孔子为何在中国地位如此之高

本着"仁者爱人"的原则，他抨击了各国普遍出现的苛政、暴政。

据说孔子有一次路过泰山，看见一个妇女在哭泣，他就派自己的学生子路上前询问原因，那妇女说，她的公公、丈夫和儿子都被这个地方的老虎咬死了。孔子就问她为什么不离开，妇女说，这里没有苛政。孔子非常感慨，就对学生们说："你们要记住，苛政猛于虎啊！"

那如何避免暴政呢？孔子首先对统治者提出了要求。

有一次，鲁国的大夫季康子问孔子应该怎样行政，孔子说："政者，正也。子帅以正，孰敢不正？"也就是说为政者需行为端正，做出表率。所以孔子的政治思想其实是他伦理思想的阐发。或者说，既然所有人都要遵循"仁"这个原则，那统治者治理国家也必须秉承这个原则。

那么"仁"这个原则在政治上的具体体现又是什么呢？答案是"以德治民"。不要暴政，要德政。孔子曾经说："道之以德，齐之以礼，有耻且格。"也就是说，如果用道德和礼来治理国家，人们会有羞耻心，这样就会自发地严格约束自己，国家就安定了。

在这句话里，孔子不仅主张"德"，还提出了"礼"，这"礼"又是什么呢？简单来说就是规矩，具体来说就是孔子特别推崇的西周礼乐制度。它的特点是君臣、父子、上下、尊卑等级森严，不能逾越。但是孔子偏偏生活在一个礼崩乐坏的时代，大家都不守规矩，那孔子当然认为天下要大乱了。

比如，鲁国的季孙氏在祭祖的时候，用了"八佾"之舞，孔子知道以后怒不可遏，说道："是可忍也，孰不可忍也？"因为这种乐舞只有周天子才能用，季孙氏不过是鲁国的一家大夫，居然

留下你的思考

也敢使用"八佾"之舞，这就是破坏礼法的僭越行为。

所以孔子就提出了一个主张——克己复礼，意为克制自己，恢复礼法。

他的学生颜渊问他具体所指。孔子说："非礼勿视，非礼勿听，非礼勿言，非礼勿动。"意思是凡是不合于礼法的事情都不要去做。

除了创立儒家思想，孔子在教育方面也非常有成就。他兴办私学，广收门徒，扩大了教育对象的范围，据说他有3000多名弟子，其中又有72位贤人，这改变了以前学在官府的状态，有利于文化的普及。他在教育实践中积累了丰富的教学经验，提出"因材施教""温故而知新"等原则，这些原则一直沿用至今。所以孔子被认为是中国历史上的第一个专业教师，是教师这个职业的祖师爷。

思维导图

- **孔子** —— 名丘，字仲尼，儒家学派创始人

孔子为何在中国地位如此之高

- **孔子的思想**
  - 核心内容——仁，仁者爱人，主张以德治民，反对苛政
  - 克己复礼，即克制自己，恢复礼法

发散思考

除了"仁者爱人""以德治民""克己复礼"，你还知道哪些孔子的重要思想主张？它们的含义是什么？

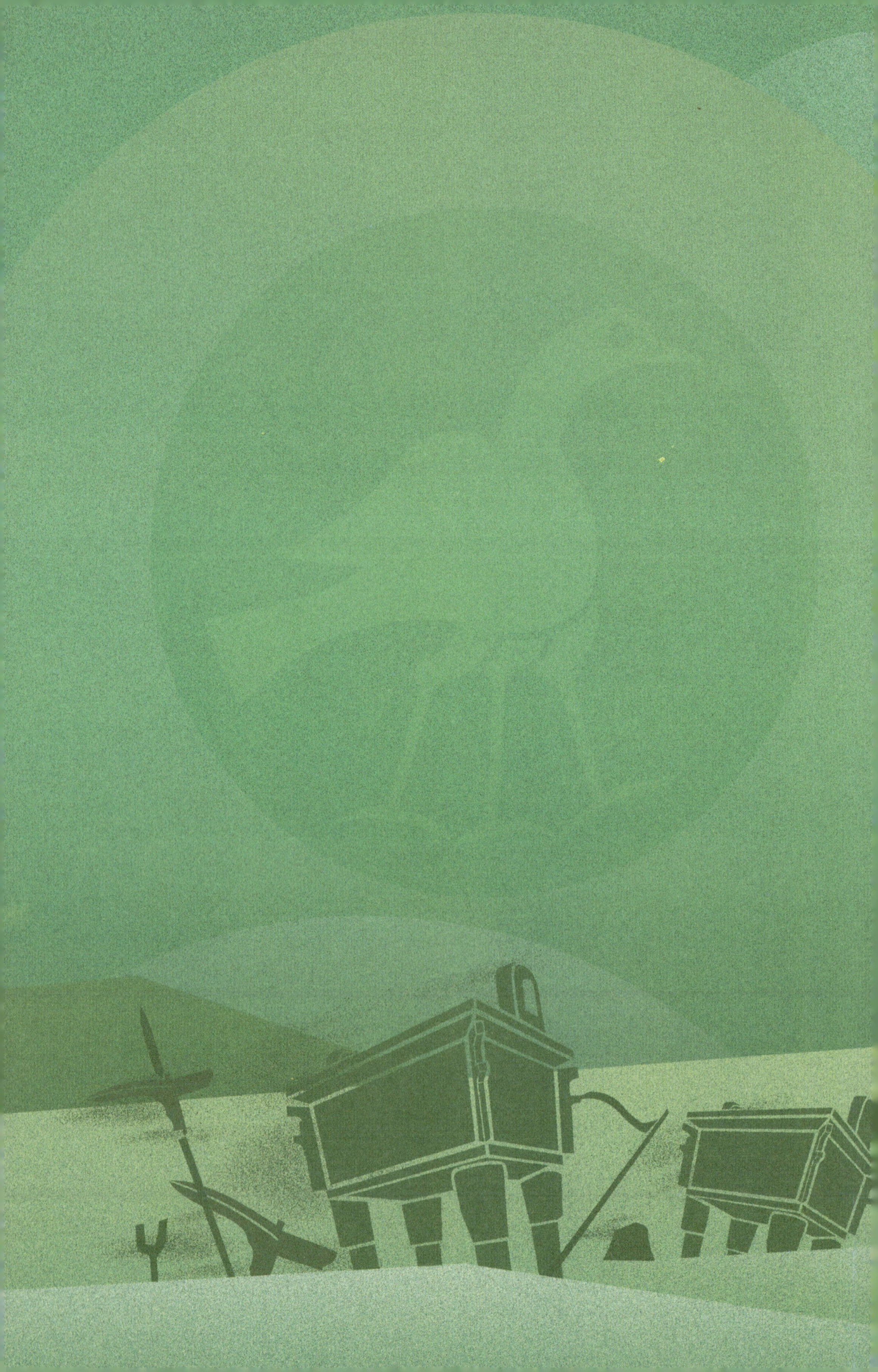

第十六章 人性本善还是人性本恶

○《三字经》一开始就是『人之初，性本善。性相近，习相远』。这也是孟子最重要的观点之一——性善论的体现。直至今日，很多国人都相信人性本善。荀子的观点与孟子截然相反，他认为人性就是人的本能，而本能都是要获取利益的，如果人顺从这些本能，就会互相争夺，导致社会混乱，所以人性本恶。

敲黑板

· 孟子及其思想
· 荀子及其思想

儒家思想还有一个称呼，叫"孔孟之道"。这里的"孔"当然是孔子，而"孟"指的就是战国时期儒家的重要代表人物孟子。

孔子被尊为"圣人"，孟子则被尊为"亚圣"，由此可见孟子在儒家的地位。毫不夸张地说，他提出的某些观点对后世的影响丝毫不亚于孔子，甚至胜过孔子。

孟子名轲，约公元前372年出生于邹国（今山东邹城市东南）。他是孔子的孙子子思的再传弟子。孟子的一生很像孔子，他40岁时已学有所成，42岁开始周游列国，在外奔波了约20年，先后到过齐、宋、魏等国，但是他的政治理想始终没能实现。

齐国都城临淄（今山东淄博市东北）有一处著名的学府——稷（jì）下学宫。齐宣王即位之后，喜爱游说之士，于是招揽了很多有名望的学者到稷下学宫讲学，其中就包括孟子，孟子在这里提出了很多著名的观点。孟子晚年回到故国，著书立说，84岁时去世。

孟子提出了哪些著名的观点呢？

在传统社会，小孩子通过私塾接受教育。宋朝以后，学生在私塾里读的第一本启蒙读物就是《三字经》。《三字经》一开始就是"人之初，性本善。性相近，习相远。苟不教，性乃迁"。这也是孟子最重要的观点之一——性善论的体现。直至今日，很多国人还都相信人性本善，这就是受孟子的影响。

孟子认为，每个人生来就有四"心"。

第一就是"恻隐之心"，意思是对他人的不幸会产生同情。他举了一个例子：你看到一个婴儿在井沿上爬，马上就要掉到井里淹死了，这时候你肯定会救他。你救他并不是要结交他的父母或者为自己赢得一个好名声，亦不是因为你讨厌他的哭叫声，只是因为你产生了恻隐之心。可见恻隐之心人皆有之。

白捡的知识

何谓"仁政"

孟子把孔子"仁"的思想发展为"仁政"学说，这是他政治思想的核心。他认为统治者要"治民恒产"，让每家农户都有基本的生产资料，有适当的劳动时间，使得"黎民不饥不寒"，之后加强道德教育，使人民懂得"孝悌忠信"的道理。

孟子虽然谴责暴君，同情贫民，但他主张"劳心者治人，劳力者治于人"，这个观点成为后世为统治者辩护的重要理论依据。

留下你的思考

除此之外，人还有羞恶之心——对丑恶的事物和行为产生厌恶和羞耻的感觉；恭敬之心——对尊长的敬重谦让；是非之心——对是非对错的价值判断。

这些都是人与生俱来的，如果没有这四"心"，人就和禽兽没有区别了。只有拥有这四"心"，人才能具备"仁、义、礼、智"四种品德。这就是孟子的"性善论"。

既然人人都有"恻隐之心"，国君也不例外，所以治国应以"恻隐之心"为基础，行"仁政"。孟子认为，君王要以仁爱之心对待民众，使其安居乐业，有自己的财产。

进而孟子还提出了一个非常深刻的观点："民为贵，社稷次之，君为轻。"意思是，普天之下，人民最重要，其次是江山社稷，君主最轻。所以人民是国家命脉所在，得民心者得天下，失民心者失天下。

对战国时期那些妄自尊大的国君来说，这个观点当然是离经叛道的。由此，孟子和齐宣王曾有过一场意味深长的对话。

齐宣王问孟子：商汤放逐夏桀，周武王讨伐商纣王，确有其事吗？孟子说史书上有记载。齐宣王又问：臣弑其君，可乎？我们可以发现，原来齐宣王给孟子下了一个"套"，等着孟子往里钻。

为什么这么说呢？因为儒家是反对臣子杀君主的。比如孔子认为君主无道，臣子应该去劝谏。如果君主不听，臣子可以离开，不再奉其为主，但是不能杀他，因为杀他会坏了礼法。

而齐宣王提到的商汤和周武王恰恰又是儒家特别推崇的圣君，于是问题就来了：儒家为什么一边反对臣子杀君主，一边又把杀君主的商汤和周武王推崇为圣人呢？这不是自相矛盾吗？

第十六章 人性本善还是人性本恶

那么孟子是怎么回答的呢？他说："破坏'仁'这个原则的人叫'贼'，破坏'义'这个原则的人叫'残'。'残''贼'一类的人叫作'一夫'（也就是独夫民贼）。我只听说一个叫纣的独夫民贼被杀了，没听说臣子杀君主。"

这是一个掷地有声的回答，说明在孟子看来，"仁"和"义"是至高无上的原则，任何人都要遵守。如果君主敢于施行暴政，破坏这样的原则，臣民就可以诛杀无道之君。

在当时乃至后来，很多学者都是站在统治者的立场上为他们统治人民、驾驭臣下出谋划策，而孟子则是对统治者提出要求。孟子的这种民本思想是非常可贵的，有的学者认为孟子的这种思想是中国古代最进步的政治观念。

但是对孟子的学说，当时也存在诸多看法，哪怕在儒家内部，也有人有异议，荀子就是其中之一。

荀子，战国末期人，生于赵国，被称为先秦儒家的最后一位大师。他在齐国的稷下学宫讲过学，还做过楚国的兰陵（治今山东兰陵县西南兰陵镇）令，去世后就葬在当地。据说荀子寿数高达百岁，一生有很多弟子，最著名的两个弟子是李斯和韩非。

你可能会觉得很奇怪：李斯和韩非是法家的代表人物，而荀子是儒家的代表人物，儒法两家势同水火，一个大儒怎么会教出两个法家学生呢？这不是离经叛道吗？原因就在于，荀子有关人性的观点与孟子截然相反。

孟子认为人性本善，荀子对人性的看法则比较悲观，他认为人性就是人的本能，而本能都是要获取利益的，如果人顺从这些本能，就会互相争夺，导致社会混乱，所以荀子认为人性本恶。

孟子认为仁、义、礼、智这些道德都是与生俱来的，但是荀

> 留下你的思考

子认为道德是后天习得的。他的名言是"人之性恶，其善者伪也"。这个"伪"不是虚伪的意思，而是"人为"的意思，就是说，人的本性虽然是恶的，但是可以通过后天矫正，让人行善。

那么如何让人行善呢？荀子的答案是礼乐教化。

这就可以解释荀子这个大儒为什么会教出法家的学生。

既然他认为人性本恶，那么这种恶就需要通过严刑峻法来矫正，这就会导向法家。

荀子和孟子在人性这个重要问题上的看法完全相反，那为什么荀子还被算作儒家呢？因为在儒家最重要的仁义礼教问题上，他的观点和孟子是没有区别的。而且，荀子曾发扬过孟子的"民

性善论与性恶论之争

本思想"，他有一句名言："君者，舟也；庶人者，水也。水则载舟，水则覆舟。"这就是把君民关系比作船和水的关系，水可以承载船，也能使船沉没。以此类推，人民可以拥戴君主，也可以推翻君主的统治。

　　这对后代的一些君主有重要的启示意义，唐太宗就经常把荀子这句话挂在嘴边。

思维导图

- **人性本善还是人性本恶**
  - 孟子：名轲，战国时期儒家的重要代表人物
    - **性善论**：具有恻隐之心、羞恶之心、恭敬之心、是非之心，具备"仁、义、礼、智"品德，君主施仁政
  - 荀子：战国末期人，先秦儒家的最后一位大师
    - **性恶论**：人性本恶，但可以通过后天的礼乐教化去矫正

发散思考

战国时期儒家的两位代表人物孟子和荀子，他们在人性善恶的问题上观点不一。这个问题，你怎么看？你更同意谁的观点？如果两者都不同意，那么你的看法是什么？

第十七章

老子：「无」和「有」，哪个更有用

○ 老子的「无为而治」在西汉初期对恢复社会生产起了非常重要的作用。他那句「治大国若烹小鲜」，就是说治理大国就像煮小鱼一样。煮小鱼需要注意两点：第一，小火烹调，火不能大，否则就糊了；第二，不能频繁翻动锅里的鱼，否则鱼就碎烂了。老子的意思非常明确：煮小鱼的时候不能频繁搅动鱼，不能用大火炙烤，也就是说治国的时候不能折腾老百姓，不能对民众施以苛政。

「不折腾」在今天看来不管是对一个国家、一家企业或者一个家庭来说，都值得借鉴。

老子及其思想

春秋战国时期，在百家争鸣的背景下还产生了另外一个学派——道家学派。

看过《西游记》的人肯定知道太上老君炼仙丹的故事。在道教中，太上老君被认为是道教的始祖，而其原型就是道家学派的创始人——老子。

老子生卒年不详，但人们一般认为，老子是春秋末期人，年龄比孔子要大。老子姓李名耳，字聃（dān），也被称作老聃。据传，老子神头怪脸，特别是双耳阔大，因此字聃。

老子是楚国苦县（今河南鹿邑县）人，后来到周的都城洛邑做了史官。据历史记载，孔子到洛邑后，听说老子是一位有智慧的人，便向他请教有关"礼"的问题。没想到老子对孔子说："你说的礼，倡导它的人连骨头都早已朽烂了。"意思是这些东西都是非常陈腐的。他还对孔子说："你应该抛弃你的骄气和过多的欲望，抛弃你矫揉的做派和过大的志向，这些对你都没有好处。我所能告诉你的，就只有这些了。"

孔子后来对他的弟子们讲："鸟，我知道它能飞；鱼，我知道它能游；兽，我知道它能跑。会跑的可以织网捕获它，会游的可以制作丝线去钓它，会飞的可以用箭去射它。至于龙，我就不知道该怎么办了，它是驾着风而飞腾升天的。我今天见到的老子，大概就是龙吧！"

老子在洛邑待久了，眼看着周王室逐渐衰微，弃官出走。他一路西行，来到函谷关（今河南灵宝市东北）。守关的官员留他小住，生怕老子从此隐居，不问世事，他珍贵的学问从此就没有人知道了。守官请他无论如何多住几天，勉力为大家写一本书。老子就写下了一本约5000字的著作，然后飘然西去，无人知其去向。老子留下的著作，就是后来的《老子》，也叫《道德经》，是道家哲学思想的重要来源。

老子在《道德经》里都写

白捡的知识

老子的辩证观

老子的思想还包含了朴素的辩证法思想。他认为一切事物都有正反两个方面，互相依存，又相互转化，比如"祸兮，福之所倚；福兮，祸之所伏"。

孔子与老子均不满当时的现状，均认可早期社会形态，不同之处在于孔子向往周朝，而老子向往更早期的社会形态。

> 留下你的思考

了什么呢？老子在书中提出了一个重要的概念——道。他创立的思想就因这个概念而得名。

什么是道？

很可惜，老子并没有给"道"下一个很明确的定义，反而在一开篇就说："道可道也，非恒道也。"意思是：道若可以言说，就不是永恒常在之道。言外之意是："道"是不能用语言文字来描述的，凡是可以言说的就不是真正的道。

所以，我们就只能根据他对道的一些描述去理解他说的"道"。

《道德经》里关于道的描述，最重要的便是此句："道生一，一生二，二生三，三生万物。"这句话说明：老子认为道化生万物，是天地万物的母亲，天地万物都是从"道"中产生的。换句话说，就是：先有道，才有天下万物。那么很显然，道就是万物的本原。

在这个问题的探讨过程中，我们发现：道家思想的哲学色彩是很浓的。而和它

缂丝青牛老子图
台北故宫博物院藏

第十七章　老子："无"和"有"，哪个更有用

同时代的其他学说则没有涉及如此深的哲学范围，儒家学说是伦理和政治学说，而法家则是纯粹的政治学说，只有道家讨论世界的本原问题，这属于哲学的范畴。

道是一个混成之物，老子认为它自身包含着"无"和"有"两个方面，也就是说道是"无"和"有"的统一体。

但是这两者的地位是不一样的。

假设你正待在一间屋子里，按照老子的说法，这间屋子就是由"有"和"无"合而为一组成的。这间屋子的四面墙壁、你脚下的地板和你头顶的天花板，都是"有"，它们是看得见摸得着的东西。那什么是"无"呢？"无"就是由这些触手可及的东西围起来的空间。你此时身处何地呢？可以说，你是在"有"围起来的"无"里待着的。

由此可见，老子不仅认为"无"和"有"是相辅相成的关系，而且他还认为"有"是可用之物，"无"才是用途本身。

通俗地说，"有"是为"无"服务的，"无"比"有"更有用。

弄懂了何为"有"，何为"无"，我们就可以更好地理解老子的另外一个重要的观点——无为。在我们今天看来，"无为"这个词基本上是个贬义词，很消极；我们今天认为"有为"才是褒义词，它促使人积极向上、努力进取。但是我们刚才讲了，老子认为"无"比"有"更有用，所以"无为"也比"有为"更高明。我们来看老子说的一段特别有名的话："民之饥，以其上食税之多，是以饥；民之难治，以其上之有为，是以难治；民之轻死，以其上求生之厚，是以轻死。"意思是说：老百姓为什么饿肚子？因为赋税太重；老百姓为什么难于管理？因为统治者太能"折腾"（就是有为）；老百姓为什么不怕死？因为他们太想存活，而现实

> 留下你的思考

却把他们步步紧逼，他们为了求生，只能铤而走险，不顾生命危险而奋起反抗，夺得生存的机会。

这段话说明，百姓的食不果腹、不满统治、揭竿而起，其实都是统治者的"有为"造成的，统治者横征暴敛、压迫民众，都属于"有为"的范畴。可见老子说的"有为"其实是暴政苛政的同义词。按照老子所言，要让百姓免遭饥饿，统治者就要减税；要让百姓服从管理，统治者就要"无为"；要让百姓怕死（敬畏），统治者就要让百姓安居乐业。"无为而治"是老子的政治主张。

老子还说了另外一句话，"治大国若烹小鲜"，就是说治理大国就像煮小鱼一样。煮小鱼需要注意两点：第一，小火烹调，火不能大，否则就煳了；第二，不能频繁翻动锅里的鱼，否则鱼就碎烂了。老子的意思非常明确：煮小鱼的时候不能频繁搅动鱼，不能用大火炙烤，也就是说治国的时候不能折腾老百姓，不能对民众施以苛政。

《道德经》里还有这样一句话："人法地，地法天，天法道，道法自然。"意思是，人应该效法地，地应该效法天，天效法道，而道效法自然。"自然"是道的本来面目，就是说万物衍生之初是什么样就应该让其保持原样，不要人为地去改变它。

人类社会的"自然状态"是什么样的呢？老子的答案是4个字："小邦寡民"。

这种国家虽然有船只、车辆和武器，但是没人用它们。大家都回到结绳记事的原始时代，百姓们衣食无忧，生活安定，自得其乐。邻国之间互相可以望见，听得见鸡鸣狗叫，但是人们到死都不会互相往来。

老子心目中的理想社会有一定的理想色彩，本质上和原始社会

差不多，因为老子认为那就是社会的自然状态，人们本该如此生活。而当今的社会之所以混乱，就是因为大家都不遵循自然之理。

孔子认为天下大乱是因为大家都不讲仁义道德，老子却不这么想，他认为仁义道德都是人为的虚假的东西。比如，家庭不和，才会讲孝道；国家不安定，才会讲忠义。所以不是因为人们没有仁义道德，社会才乱，而是因为社会乱，才没有人讲仁义道德。

所以老子对儒家的"仁义""道德""圣人"等非常反感，认为这不仅违背自然之道，而且还会加剧社会混乱现象。

思维导图

老子 —— 姓李名耳,字聃,道家学派创始人

老子"无"和"有",哪个更有用

《道德经》:道家哲学思想的重要来源

老子的思想
- 道是一个混成之物,老子认为它自身包含着"无"和"有"两个方面,"无"和"有"是相辅相成的关系,"有"是可用之物,"无"才是用途本身
- "无为而治"是老子的政治主张,治大国若烹小鲜

发散思考
你认为老子所说的"道"是什么呢?

第十八章

李斯为何要加害韩非

○李斯认为如果韩非得到秦王重用,自己就可能会被秦王冷落。他就对嬴政说:『韩非是韩国的公子,他终究是要为韩国服务,将来他必成为秦国的祸患,不如杀掉他。』韩非没有机会辩解,服毒而死。但在他死后,以他为代表的法家学说却在当时发挥了巨大的作用。秦统一六国以后,在全国范围内确立的一整套制度、推行的一系列法令措施,都是以法家的理论为基础的,并且影响了其后数千年的中国历史。

敲黑板

· 韩非及其思想

公元前234年，秦国发兵攻打韩国。韩国是秦国的东方近邻，又是七国中最弱小的国家，按照秦国"远交近攻"的军事战略，韩国遭到秦国攻击根本就不是一件新鲜事。

但是这次秦国攻打韩国却比较特殊，秦王发兵攻打韩国不仅为了占领韩国的土地，还为了一个叫韩非的人。韩非是韩国的公子。他有些口吃，所以不善言辞，但他善于著书立说。韩非师从荀子，他的同窗中还有一位后来声名显赫的人物——李斯。

当时韩国政权日益腐败，国家日渐衰弱，若照这个趋势发展下去，离亡国不远了。韩非为此很着急，就按照自己的理解分析韩国弱小的原因。他认为，韩国法制涣散，君主没有权威，不能很好地领导臣下，朝堂之上没有能治国安邦的贤臣，反而是一些只会空谈仁义道德的儒生。他多次向韩王进谏，但韩王始终没有采纳他的政治意见。于是，他只好退而著书，把自己的治国想法写成了10余万字的著作。

没想到这些著作后来流传到秦国，深受秦王嬴政的赏识，他看过以后感慨说："如果我能有幸得见著书之人并与之结交，那我就死而无憾了。"那时，李斯已经在秦国做官了，他告诉嬴政这些书是韩非写的。

韩非在书中写了什么，提出了哪些观点？为什么会让嬴政有相见恨晚的感觉呢？

韩非是荀子的学生，而荀子在儒家代表人物中属于对人性持悲观态度的一派，他认为人性本恶，但是可以通过后天的礼乐教化去矫正。

而韩非比他的老师还要悲观，他认为人不仅天性是恶的，而且只会做对自己有利的事，不会做对自己有害的事，儒家的礼乐教化在韩非看来完全无用。他引用一个例子来说明自己的观点：有个人十分不成器，并且冥顽不灵，父母对他发火，他不改正；同乡责备他，他无动于衷；老师教导他，他也不

白捡的知识

以法治国

《韩非子·五蠹（dù）》载："赏莫如厚而信，使民利之；罚莫如重而必，使民畏之；法莫如一而固，使民知之。"韩非主张实行法治，"以法为教"，认为实行严刑峻法，才能使人民顺从，社会安定，政治稳固。

御人有术

法家的治国思想是"法""术""势"。商鞅重"法"，主要指服务于专制的刑法等；申不害重"术"，主要指君王统治的权术；慎到重"势"，主要指君王的权威；韩非将以上三点系统地结合了起来。

韩非提出七术六微等君主防范臣子的手段，同时禁止私人讲学和私人著作传播。

秦王重视法家思想的原因

法家主张法治，提倡"尊君卑臣"，有助于加强君主专制，较其他各家思想更适应统一和集权的趋势。

留下你的思考

改变；非要等到地方官吏拿着武器，带领部下搜捕罪犯时，他才害怕，才改邪归正。

所以韩非得出结论：那些严格教育子女的家庭不会出败家子，反倒是那些对子女慈爱的父母才会养出不孝子。可见严格要求、严施惩罚才能对个人起到约束作用，而靠德行教化是起不到作用的。治家如此，治国就更不例外了。

韩非认为，治理国家之时，国君不能指望百姓主动做好事，能让大家不做坏事就不错了。一国之内，能有10个主动行善的人就算不错了（这是对人性持彻底的悲观态度），但是如果大家都不做坏事，那国家就会安定。

儒家宣扬施仁政，以德治国，法家的治国思想则与其有明显的区别。法家思想认为，国君治国，绝不能使用德治，而应该实行法治。这就是法家最重要的观点。

谁来制定并执掌国家的法律呢？当然是国君。其实，法制一直以来都是法家的核心思想，在韩非之前，那位通过变法让秦国强大起来的法家代表人物商鞅，对法令就十分重视。所谓"法"，就是公布于众的法律、法令、法规，用法来治理国家是法家学派的根本主张。

但是韩非认为，国君光有"法"这个宝是不够的，还得有另外两样利器。第一，"术"，就是权术，是君主驾驭臣子的驭人之术。因为国家的法令要靠各级官吏执行，所以君主必须能控制官员，根据臣子的才能授予官职，废黜那些不称职的官员，奖励和提拔那些有能力的官员，甚至掌握臣子的生杀大权。第二，"势"，就是权力和威势。因为君主只有大权在握，才能做到令行禁止，否则有了法令也无法推行。有了这两样"利器"，再加上"法"，

第十八章 李斯为何要加害韩非

君主就能驾驭臣民，成就霸业。

君主要执法公正，这是"法"。驾驭人的时候高深莫测，令人无从捉摸，这是"术"。位尊权重，令出如山，这是"势"。

韩非是"尊君卑臣"的典型推崇者，在他的理论中，君主的权威得到了极大的加强。韩非的名言"事在四方，要在中央，圣人执要，四方来效"的意思是，一般的事在各个地方，政事发生于四方，但关键的权柄在中央，而国君如果掌握了大权，四方的臣民就都会臣服效劳，也寓含了"尊君卑臣"的思想。

韩非的思想倾向是什么呢？就是典型的君主专制、中央集权思想。了解了韩非的观点，你能明白秦王嬴政为什么对韩非的理论感兴趣了吧。

假设你是战国时期的一位君主，让你在法家和儒家中选择治国理论，你会选择哪一种呢？

儒家主张以德治国，势必耗费时间，见效迟缓；而法家倡导依法治国，雷厉风行，必会立竿见影。

儒家学派代表人物孟子提倡"民贵君轻"，认为国家最重要的是人民，黎民百姓比君主更重要；而法家强调君主权威，认为臣下都要服从君主。

儒家"厚古薄今"，觉得最理想的社会在古代，对现实不满，用古代圣贤来抨击当代人；法家则"厚今薄古"，觉得现在一定比过去强，将来一定比现在强，不拘泥于古代的传统。

你多半会选择法家思想，因为它太有利于你的统治了，太有利于加强王权了，太有利于强国了。而且，秦国历来重视法家，当初商鞅变法就是以法家思想为指导的。既然从法家思想的贯彻中尝到了甜头，当然要抓住不放了，何况韩非还对法家思想进行

> 留下你的思考

了提升和总结，秦王嬴政怎么可能对韩非不感兴趣呢？

虽然秦王嬴政欣赏韩非的观点，但是韩非的下场并不好。公元前233年，韩王派韩非出使秦国。秦王嬴政很高兴，但是对韩非多少还存着一点儿戒心，不能完全信任他，因为毕竟此前只见其书不见其人。

这时候，韩非的那位"好"同窗李斯出场了。李斯是一个极有才干但又十分功利的人，他把功名利禄看作人生的最高追求，为达目的不择手段。他知道韩非有才干，而自己刚在秦国崭露头角，如果韩非得到秦王重用，自己就可能会被秦王冷落。

他看出嬴政对韩非还有戒心，就对嬴政说："韩非是韩国的公子，他终究是要为韩国服务，不会为秦国考虑的。所以您不能重

李斯与韩非

第十八章　李斯为何要加害韩非

用他。如果您让他回去，他必将成为秦国的祸患，不如杀掉他。"

嬴政觉得李斯言之有理，就把韩非收押入狱。李斯又派人给韩非送去毒药，让他自杀。韩非没有机会辩解，只好服毒而死。等嬴政回过神来想要赦免韩非时，已经来不及了，韩非已在狱中服毒自尽。

韩非虽然死了，但是以他为代表的法家学说却在当时发挥了巨大的作用。秦统一六国以后，在全国范围内确立的一整套制度、推行的一系列法令措施，都是以法家的理论为基础的，并且影响了其后数千年的中国历史。从这个意义上说，法家的影响力丝毫不逊于儒家。

秦统一六国后，以法家理论为基础确立制度、推行法令

思维导图

李斯为何要加害韩非

- 韩非 —— 战国时期法家的代表人物
- 法家主要思想：用法来治理国家
  - 韩非的拓展——法+势+术：建立法律制度以治天下；君王要把全部权力集中在自己手中，成为真正的绝对权威；君王要有驾驭臣子的驭人之术

发散思考

你认为法家对当时的中国和当代中国所产生的影响，是积极的还是消极的，是正面的还是负面的？

第十九章 秦国为何能统一六国

○ 秦国的历史长达500多年，而秦朝的历史非常短暂。从公元前221年秦国完成统一，到公元前207年秦朝灭亡，只有短短15年。然而，这短短15年的秦朝历史却在中国的历史长河中留下了极为深刻的印记，这印记可以浓缩成两个字——统一。

敲黑板

· 秦国统一六国的原因

　　"秦国"和"秦朝"是两个概念。"秦国"指的是春秋战国时期的一个重要的诸侯国，同当时的很多诸侯国一样，它只是一个地方政权，这个国家的历史是春秋战国时期大历史的一个组成部分。"秦朝"则是秦国完成统一之后建立起来的全国性的、统一的中央王朝。

　　秦国的历史长达500多年，而秦朝的历史非常短暂。从公元前221年秦国完成统一，到公元前207年秦朝灭亡，只有短短15年。

　　然而，这短短15年的秦朝历史却在中国的历史长河中留下了极为深刻的印记，这印记可以浓缩成两个字——统一。

　　在战国七雄中，为什么是秦国完成统一的呢？

　　秦国是一个位置偏僻、文化落后的国家，甚至一度被中原各国看作蛮夷之地。它完成统一的原因是什么呢？

　　公元前246年，秦国的新君——嬴政即位，他就是后来的秦始皇。

他即位的时候只有13岁，所以国政自然得委托给大臣们，如丞相吕不韦。

随着嬴政年龄的增长和能力的提升，他开始逐步把权力收拢到自己手中。25岁时，他已经全面掌握了国家权力。

随后，从公元前230年到公元前221年，嬴政在这10年间，

嬴政13岁时，由吕不韦等大臣代管国事

白捡的知识

秦国灭六国的顺序

韩、赵、魏、楚、燕、齐。这个顺序体现了秦"远交近攻"的战略，"先弱后强"的原则，以及"先突破中央，再扫除两翼"的战略方针。

秦国的战略部署

"远交近攻"由范雎提出，并且在秦昭王之后的诸位秦王得到了进一步的发展和沿用，据此，秦国制定出吞并六国的战略部署就十分清晰：

1. 在北翼重点打击赵，乘势灭韩；然后一举灭魏，控制中原；
2. 再转锋南下，灭亡楚国；
3. 最后集中全力，消灭燕、齐。

秦国通过实施这一战略，使国内政治稳定，经济发展，取得了军事和外交方面的极大成就，逐渐具备了统一六国的实力。

> 留下你的思考

逐个灭掉六国，完成了统一。

这实在是一份令人惊叹的成绩单！如果我们从秦孝公任用商鞅变法开始算起，截至嬴政即位，秦国在这100多年的时间里共历经了六代君王。尽管这期间秦国国力增长很快，使秦国最终成了七国中最强大的国家，它却连一个国家也没灭掉，哪怕最弱小的韩国。

然而年纪轻轻的嬴政用了短短10年的时间，就将六国一网打尽，他是怎么做到的呢？

先看一下秦国灭六国的顺序：韩、赵、魏、楚、燕、齐。

我们在地图上找到这六个国家的位置，再结合相关史实，就会发现这个顺序具有如下特点。

第一，这个顺序代表着"远交近攻"战略的贯彻与实施。

在秦昭襄王时代，秦国确立了"远交近攻"战略。而对外战略的实施需要循序渐进、一以贯之，不能朝令夕改，否则不仅会事倍功半，甚至有可能适得其反。秦国一直坚持"远交近攻"战略，最终在嬴政在位期间毕其功于一役。

第二，这个顺序体现了秦国作战时"先弱后强"的原则。

当时的六国中，齐、楚两国最强大，还保有一定的实力；但是中原的韩、魏两国本来就相对弱小，赵国在经过长平之战后也元气大伤。所以秦国先从这几国下手，把握性比较大，风险比较小。

第三，这个顺序从空间上体现了"先突破中央，再扫除两翼"的战略方针，这样六国就变得支离破碎，完全不能形成针对秦国的联盟局面。

战略确定之后，还有具体实施的问题。战场局势千变万化，

第十九章　秦国为何能统一六国

必须不断地进行调整，犯了错误要及时进行弥补和改进。这一点在秦国灭楚的过程中体现得非常明显。

楚国是南方的大国，实力雄厚，虽然在秦国的沉重打击之下，楚国的实力已经被严重削弱，但依然对秦国构成一定的威胁。

在对楚国发兵之前，嬴政特意召集将领商议对策。他问一个叫李信的年轻将领，伐楚需要多少军队。李信年轻气盛，勇猛果断，并且刚刚率领秦军灭了燕国，所以他认为只需20万人。嬴政又问老将王翦的意见，王翦说："非60万人不可。"这几乎相当于秦国的倾国之兵。嬴政当即嘲笑王翦说："王将军莫非年纪大了，竟变得如此胆怯！李将军果然勇敢，你说得对！"于是嬴政就任命李信为大将，率20万军队进攻楚国，而王翦则被免职，回乡养老去了。

没想到李信出兵之后遭遇楚国大将项燕，秦军被打得大败，李信部下7名将领战死。嬴政大为震惊，他这才体会到王翦的老谋深算，于是亲自去见王翦，并向王翦道歉，请他重新出山。

王翦推辞不过，就说："如果大王非要用老臣，那我还是原来的意见，非用60万军队不可。"嬴政立刻答应了王翦的请求。

最有意思的是：王翦出征的时候，嬴政来送行，王翦不和嬴政讨论军情大事，反而啰啰唆唆地要求嬴政赏赐一些田宅。此时嬴政满脑子都是打仗的事，就不耐烦地说："你还是专心出征吧！你还担心会没钱花吗？"王翦还絮絮叨叨地解释："我这是借为大王出征的机会，替子孙多留些产业。"嬴政又好气又好笑，就大笑着答应了王翦的请求。

后来王翦有个部下看不过去了，就劝王翦："您要田宅这事，有点儿过分了吧？！"王翦说："不。大王是一个看似粗犷但内心

> 留下你的思考

多疑的人。如今他把秦国全国的军队都交给了我，我要是不向他求赐田宅表明心迹，他一定会怀疑我。"

由此可见，这次出征是非常冒险的，但是嬴政还是这样做了，也说明他具有及时纠错的能力。果然，王翦出师大捷，楚国灭亡了。

兵法云：知己知彼，百战不殆。战争中的胜败固然取决于军事因素，但也和其他方面密切相关。比如你对对手的了解程度越高，就越有利于你对症下药，采取有针对性的措施。此举往往会兵不血刃，使你获得事半功倍的效果。

有关这一点，魏国人尉缭看得很清楚。他对嬴政说："秦国的

老将王翦

第十九章　秦国为何能统一六国

实力比其他各国强很多，但如果各国联合起来抗秦，就不好对付了。大王你可以用重金贿赂这些国家的重臣，让各国内部瓦解混乱。你只不过需要花些金钱，就一定可以灭掉列国。"

嬴政觉得他言之有理，就依计而行。这不仅防止了列国合纵抗秦，还使嬴政对各国的内政有了进一步的了解，这些情报后来在秦国的扩张战争中发挥了意想不到的作用。

秦国在进攻赵国的时候，遇到了有力的抵抗。赵国虽然自长平之战后元气大伤，但是毕竟瘦死的骆驼比马大，况且赵国还有一位名将李牧，他是秦国的大敌。公元前229年，秦国进攻赵国，赵国果然用李牧为将抵御秦军。当时赵国有一位叫郭开的宠臣，此人非常贪财。秦国知道李牧不好对付，就施反间计，用重金贿赂郭开，使之散布谣言说李牧要反叛。赵王中计，另派将领代替李牧，李牧不服气，拒绝接受命令，于是他就被杀掉了。这样一来，赵国自毁长城，3个月之后，秦国的大将王翦就把赵国灭掉了。

下面来梳理一下秦国统一六国的原因。

秦国有商鞅变法奠定的雄厚基础，有一个长期贯彻执行的"远交近攻"战略，有嬴政这样一位果决狠辣的国君，有尉缭、王翦等一大批能干的文臣武将。而秦国的对手呢？六国的一线生机就在于联合抗秦。然而六国各怀心事，貌合神离。公元前241年，东方五国最后一次联合攻秦，但是东方强国齐国却没有随联军出发，而是准备攻打宋国。这次攻秦失败以后，列国就再也没有联合起来。他们甚至还内耗不断，比如赵国和燕国就彼此攻打不休，这给了秦国可乘之机。

在上面所列举的有利于秦国统一的相关因素中，你会发现这

留下你的思考

些主要是政治、军事因素。

　　从文化上说，秦国相对于东方各国，尤其是齐国，仍然是落后的。而它的统一，又是一个长期的、残酷的争战过程。所以有的学者提出这样一个观点：秦的统一，是一个"顺天不应人"的事。所谓"顺天"，就是指历经春秋战国数百年的社会动荡时期，国家走向统一是历史发展的必然趋势，而秦的统一顺应了这一趋势。另外，秦的统一也是非常残暴的军事征服，它伴随着长期的、大规模的杀戮，这就是"不应人"。

思维导图

秦国为何能统一六国

- **秦灭六国** —— 公元前230年至公元前221年，顺序依次为韩、赵、魏、楚、燕、齐
- 公元前221年，秦统一六国
- **秦国统一六国的原因**
  - **内部**：秦国经过商鞅变法，国富兵强，嬴政做事果决，广纳贤才，吏治清明
  - **外部**：六国各怀心事，貌合神离，内耗不断

发散思考

- 你对"顺天不应人"这一说法怎么看？
- 你如何评价秦的统一？

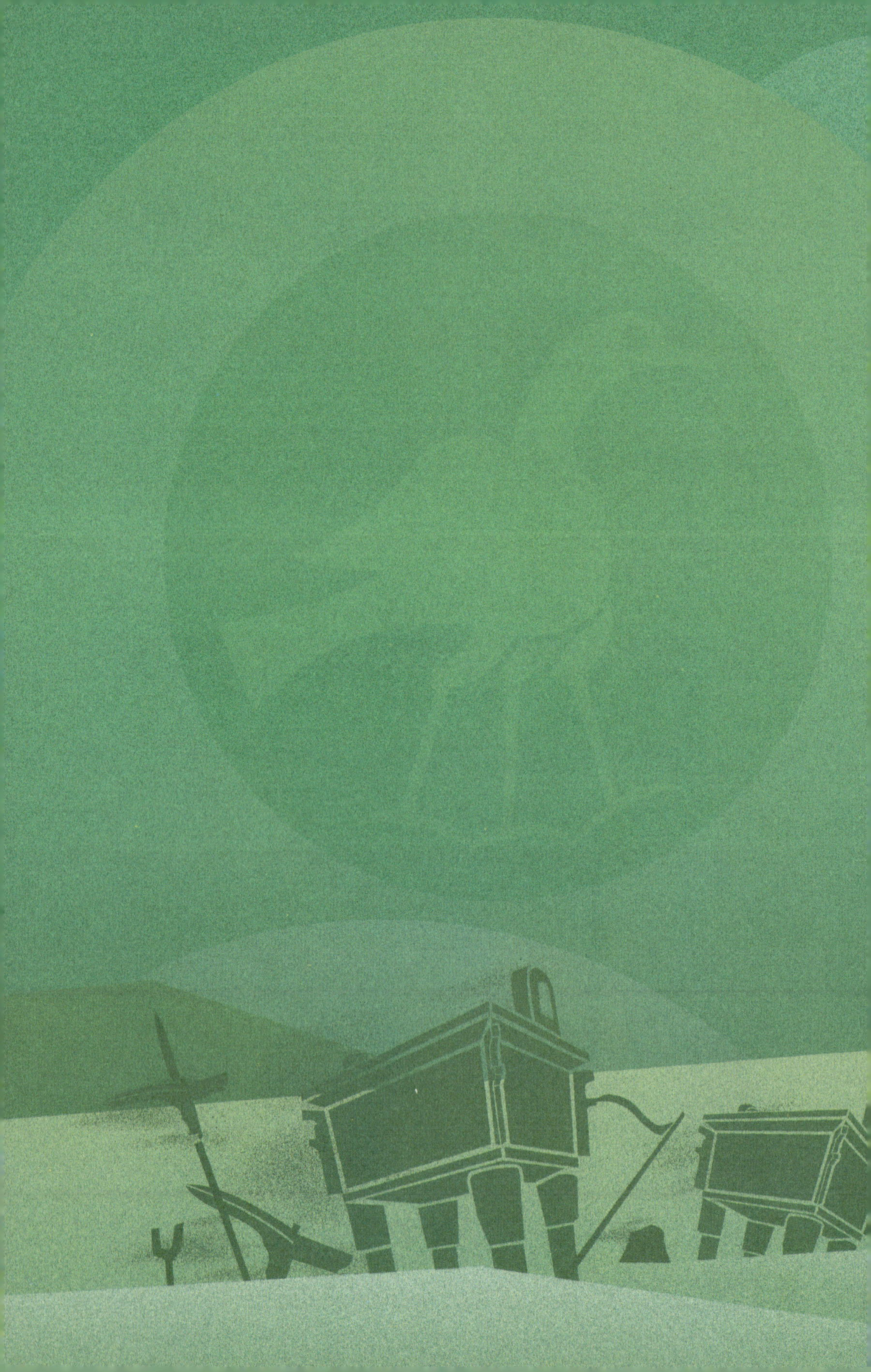

第二十章 第一代皇帝如何管理国家

○秦朝所建立的国家，其疆域空前辽阔。《史记·秦始皇本纪》记载：『西涉流沙，南尽北户。东有东海，北过大夏。』用我们现代人通俗的话说就是：西边到沙漠（即今天的甘肃兰州一带），南边到岭南，东边是大海，北边过了大夏（据说是晋中一带）。其总面积约为340万平方千米。如何管理这样一个庞大的国家呢？看秦始皇是怎样做的。

敲黑板

· 秦始皇巩固统一的措施
· 中央集权制度

秦朝所建立的国家，其疆域空前辽阔。《史记·秦始皇本纪》记载："西涉流沙，南尽北户。东有东海，北过大夏。"用我们现代人通俗的话说就是：西边到沙漠（即今天的甘肃兰州一带），南边到岭南，东边是大海，北边过了大夏（据说是晋中一带）。其总面积约为340万平方千米。

如何管理这样一个庞大的国家呢？在2000多年前交通、通信技术都极不发达的情况下，这个问题尤其棘手。

其实，这也是当初西周灭商之后，周武王和周公所面临的问题。周朝采用了分封制和宗法制来管理国家。然而，秦朝的统治者却采用了和周武王他们完全不同的方法，开创了一种新的治理模式。

在秦朝之前，中国最高统治者的称号是"王"或者"天子"。最初只有周朝的最高统治者可以使用这个称号，各国的诸侯只能称"公""侯""伯"，但是到了战国时期，各国的国君都纷纷称

"王"了。

秦王嬴政在灭了六国以后，觉得"王"这个称号已经配不上他的丰功伟业了，于是他就让大臣们"议帝号"，问大臣们他应该用什么称号。大臣们说："古代有三皇，天皇、地皇和泰皇，泰皇即人皇，是最尊贵的，您应该叫'泰皇'。"嬴政想了想说："把'泰'字去掉，保留'皇'字，在后面加上'帝'。"这样就出现了一个新的词汇——皇帝，从此，这个词就成了中国君主的专有称谓。

为了体现"皇帝"的唯我独尊、至高无上，嬴政还为"皇帝"制定了很多新的规定。比如，以前的君主都有"谥号"，即在位君主去世以后，由他的继承人和大臣们对他一生的行为做一个总结，并用一两个字来评价他的一生。既然是评价，就有倾向性。所以，谥号既有"美"谥，也有"恶"谥。以周朝为例，周文

白捡的知识

"原创"不是空穴来风

郡县制并非秦朝首创。战国时期，部分诸侯国开始变法，已于地方设立郡或县。

"中央集权制"是什么

中央集权制是相对于地方分权制而言的制度。中央集权制的最根本特点在于，地方政府没有政治、经济、军事和文化上的独立性，必须严格服从中央政令。

王、周武王的"文""武"二字就是美谥，而周幽王、周厉王的"幽""厉"二字即为恶谥。

嬴政认为谥号是儿子议论父亲，臣下议论君主，这是大不敬的。所以他宣布废除谥号。

这就产生了一个新问题：没有了谥号，应该怎么称呼皇帝呢？

嬴政规定：自己叫"始皇帝"，后继者分别叫"二世""三世"，乃至"千世""万世"。这样，嬴政在历史上就被称为"秦始皇"。他还人为地规定了很多皇帝独有的称谓。比如，在秦朝之前，"朕"这个字是很多人都可以使用的第一人称代词，但是从秦始皇开始，"朕"这个字就只能被皇帝专用了；皇帝的命令被称为"制"或者"诏"，有些文献中有"制曰"的说法，"制曰"就是指皇帝所说的话。

由此可见，秦始皇想了很多办法强化皇帝的权威。当然，皇帝的权威不仅仅体现在这些独有的称谓上，更体现在权力上。从理论上说，皇帝是国家一切权力的根源，他按照个人意志对国家进行管理。这就形成了一种重要的制度——皇帝制。

但皇帝毕竟是人不是神，国家的这些政务，如果事无巨细地都由皇帝来处理、裁决，精力再旺盛的人也吃不消。所以，必须有官员来辅佐皇帝。这就产生了官制。

在中央官制上，秦朝最重要的中央官员有3种：丞相、太尉、御史大夫。其中，丞相是朝廷的首席文官，协助皇帝处理全国政务；太尉是首席武官，负责全国的军事事务；御史大夫则是负责监察的大臣。

这三者合称"三公"，三公之下还有"九卿"，各有分工。秦

第二十章　第一代皇帝如何管理国家

秦始皇

朝的这套中央官制被称为"三公九卿制"。

在这些官职中，地位最高、权力最大的是丞相，所以民间往往用"一人之下，万人之上"来形容丞相的地位。丞相一般俗称为"宰相"，这是一个十分贴切的俗称，它由"宰"和"相"两个字组成，把宰相的作用概括得既全面又形象。"相"是辅佐的意思，指辅佐皇帝；而"宰"则是主宰的意思，指的是在百官之中宰相的权威最高。

留下你的思考

由此我们会发现宰相和皇帝之间存在一种很微妙的关系。宰相既可以减轻皇帝的负担，纠正皇帝在决策中出现的错误，又会对君权产生威胁，造成君相矛盾，使得政局动荡。所以，在此后的政治发展史上，皇帝和宰相之间的博弈是一个非常重要的内容。

安排好中央官员以后，对广大地方的有效统治成为当务之急。

秦国的军事征服像疾风暴雨一样，短短10年就搞定了。但是六国的旧势力不可能在短时间内烟消云散，人心也没有那么容易被收服。那如何让秦朝的统治真的像始皇帝预想的那样持续千秋万代呢？

为了解决这个问题，秦始皇曾经在朝堂上组织过一次讨论。当时的丞相王绾（wǎn）说："现在各地的诸侯刚刚被消灭，像原来的齐国、楚国、燕国这些地方离我们都太远，如果不在那里建立诸侯国，这些地方的空白不好填补。希望您能把您的儿子们分封到这些地方做诸侯。"这显然是要恢复西周时期的分封制。秦始皇就让大臣们讨论王绾的建议，大家都认为王绾说得对。这就反映了大多数人的思维定式：按老规矩办。

李斯却提出了不同的意见。他认为："当初周武王封了很多同姓子弟去做诸侯，但是到了后来，大家的关系越来越疏远，互相攻伐的时候就像仇敌一样，丝毫不讲亲情，周天子也不能控制他们。现在您好不容易把天下统一了，应该建立能够直接统治地方的郡县制，不应该再建立封国了。"

秦始皇最后说了几句分量很重的话。他说："以前天下之所以总是打仗，是因为有诸侯。"那诸侯是从哪里来的？是分封来的。秦始皇的这几句话就把分封制否定了。他继续说："现在我托列祖列宗的福气，统一了天下，要是再恢复分封制，就是给自己树立

第二十章　第一代皇帝如何管理国家

敌人，更别说让天下长治久安了。李斯说得对！"于是，他就在整个国家推行了郡县制。

所谓郡县制，就是在地方上设立郡和县两级行政机关。最初秦朝设立了36个郡，郡的最高长官叫郡守；郡下再设县，秦朝的县大概有1000个，县的最高长官叫县令或者县长。这就是郡县的基本结构。

这套制度和以前的分封制有什么区别呢？我们可以从两个角度来思考。

首先，在分封制中，我们可以把诸侯国的国君看作地方长官，那么他们的更迭方式是什么样的呢？终身世袭。周天子把诸侯封到地方上以后，诸侯的更迭就按宗法制自动运行，周天子不再干预。但是秦朝的郡守和县令则是由皇帝任免的。

其次，诸侯在自己的封国里是有独立性的，诸侯治国，周天子一般也是不干预的。一个封国就是一个独立王国，诸侯可以有自己的军队和税收，这就是后来诸侯混战的资本。但是郡县制中郡守和县令则必须严格服从中央的命令，执行中央的政令，征收的赋税也必须上交中央。

由此我们可以看出：分封制是地方分权制，而郡县制则是典型的中央集权制。这套制度可以使朝廷的决策从中央贯彻到底，在地方上得以落实。

思维导图

- **中央集权制度**
  - **皇帝制度：** 皇帝是国家一切权力的根源
  - **三公九卿制：** 丞相——首席文官，太尉——首席武官，御史大夫——负责监察的大臣
  - **郡县制：** 地方上设立，郡、县两级

第一代皇帝如何管理国家

发散思考

秦朝建立的这套制度，后来在中国推行了约2000年，影响巨大，但后人对它评说不一。有人说它是中国古代的"第五大发明"，还有人说它是中国的"万恶之源"，对此你是怎么看的呢？

第二十一章 秦朝的货币是什么样的

○ 在秦朝统一六国之前，春秋战国的大分裂时期持续了500多年，这段时间不仅各国的货币不同，而且各国的制度、法律、度量衡也有很大的差别，甚至连服饰礼仪、语言文字都不一样。这对秦的统一当然是不利的。而秦建立的那一整套制度，必须要有相应的经济、文化措施作为保障，所以，对应的统一措施就相继出台了。

敲黑板

· 秦始皇巩固统一的措施

　　秦完成统一后建立了一整套专制主义中央集权制度。借助这套制度，秦还推行了很多重要的措施来巩固刚刚完成的统一。下面介绍一下其中比较重要的几项措施。

　　西晋时，鲁褒写了一篇很有意思的文章——《钱神论》，讽刺那些崇拜金钱的人，抨击唯利是图的社会风气。他在这篇文章里写道，钱这个东西神通广大，大家就像敬爱兄长那样爱钱，所以他给钱起了一个名字叫"孔方"。经他这么一调侃，后来，"孔方兄"就成为钱的戏称。鲁褒为什么把钱叫作"孔方"呢？因为，秦以后，中国货币的基本形制就是"圆形方孔"，即圆形的货币，中间有一个方孔。这就涉及秦巩固统一的一个重要措施——统一货币。

　　在秦统一六国之前，春秋战国的大分裂时期持续了500多年，那段时间不仅各国的货币不同，而且各国的制度、法律、度量衡也有很大的差别，甚至连服饰礼仪、语言文字都不一样。这对秦

第二十一章　秦朝的货币是什么样的

的统一当然是不利的。而秦建立的那一整套制度，必须要有相应的经济、文化措施作为保障，所以，对应的统一措施就相继出台了。

在秦统一之前，七国的货币从形制到重量上差别极大，如齐国的货币是刀形的，韩、赵等国的货币是铲形的。秦灭六国以后，用原来秦国的货币作标准，通行全国。这种货币重半两，所以也叫"秦半两"，它的形制就是圆形方孔，以后历代的货币基本都是这样的。货币的统一有利于国家赋税的征收和经济的发展。

除了货币，还有一样东西也急需统一，那就是度量衡，也就是长度、容量、重量的基本单位。

这些单位的标准如果不一致，就既不利于国家征收赋税，也不利于各地交流。比如，当时的道路都是土路，车辆长期在路上行驶，会产生车辙，车主要是在辙中行驶。左右两个车轮的间距被称为"车轨"。如果单位标准不一致，各国的车轨间距就会不一样，随之道路的宽度、车辙的宽度也就不一样。这就意味着各国的车辆只能在本国行驶。这当然是极其不方便的。

所以，在统一货币的时候，秦朝也统一了度量衡。秦朝规定：24铢是1两，16两是1斤，30斤是1钧，4钧是1石。这些规定也被长期沿用了下来。比如，我们日常生活中形容实力相当的人或事，通常说"半斤八两"，这个说法对于现在来说似乎是不正确的，因为现在的半斤是5两。但是在古代，半斤就是8两。再如，成语"力拔千钧"中的千钧就是3万斤。当时，官府制作统一的度量衡器具发到全国各地作为标准器。后世在全国很多地区都出土了秦朝的标准器，如秦量、秦铜权等。

> 留下你的思考

秦廿六年诏椭量
台北故宫博物院藏

量具内壁记有文字"廿六年皇帝尽并兼天下诸侯,黔首大安,立号为皇帝,乃诏丞相状、绾法度量,则不一,歉疑者,皆明壹之",是秦始皇统一度量衡的实证。

统一了货币和度量衡,解决了经济问题,秦朝需要解决的另一件麻烦事就是文字问题。

战国时期,各国的文字、字形有极大的差异。这不但妨碍政令的执行,而且影响经济、文化的发展。于是秦始皇宣布,用秦国的文字小篆作为统一的字体,还命令当时的一些小篆书法家,如李斯、赵高,编写了很多书,这些书既是儿童的识字课本,又是推行小篆标准的文字范本。这是一件对后代影响极其深远的大事。随着国家的发展,后来中国的疆域越来越辽阔。这些被纳入统一政权管辖地区的语言差异极大,各地的方言五花八门。这些方言不仅发音不同,而且语法和普通汉语也有一定的区别。但是大家要把来自天南地北的方言用文字写下来的时候,都要用统一的方块字。统一的文字是民族文化的重要符号,是一个民族区别于另一个民族的重要特征。从这个意义上说,秦始皇堪称中华民

第二十一章　秦朝的货币是什么样的

族的一位大功臣。

在解决了这些问题之后，秦朝还必须解决交通问题。

秦朝实行中央集权制度，中央派出官吏到地方上任，中央的政令也必须及时传达到地方。各国的道路宽度不一样，所以必须进行整顿。在秦灭六国之后的第二年，秦开始修建驰道，向北可以通往以前的燕国地区，向东可以直达山东海边，向南则可以到达原来的吴国、楚国地区。而且，这条复杂的公路网，无论在哪个地区，都是用统一的规格来修建的。道路宽50步，每隔3丈要种一棵松树，有人说这是当时秦朝的"高速公路"，也可能是世界上最早出现的林荫大道。

秦始皇采取这些措施的初衷，无非是为了强化统治，巩固统一。这对后代产生了深远的影响，一直为人们所称道。他当时做的另外一件事，也对后代影响极大，但是在历史上留下的名声就没那么好了，那就是"焚书坑儒"。

"焚书"和"坑儒"其实是两件事，不是在同一年发生。公元前213年的一次宫廷宴会上，一个叫淳于越的博士又向秦始皇建议实行分封制，他还说："如果没有每件事都效法古代的先贤，传统就一定不能长久。"他的话遭到丞相李斯的驳斥，李斯认为那是迂腐的儒生用古人来非议当代。为了"别黑白而定一尊"，李斯建议把《诗》《书》等儒家经典和百家学术著作一律交官府销毁。秦始皇最终采纳了李斯的建议，宣布在30天内不上交此类书籍的人，要被处以黥刑并罚苦役。敢谈论《诗》《书》的人一律处死，敢以古非今的人要被灭族。

根据《史记》的记载，焚书的第二年又发生了一件事。秦始皇在灭六国之后，觉得大功告成，志得意满，特别想延续自己的

> 留下你的思考

生命，所以拼命追求长生不老。于是他豢养了很多方士为他炼制丹药，其中比较有名的有徐福、侯生、卢生等人。

可是世界上没有长生不老的仙药，这些方士时间长了一定会露馅儿。按照秦朝的法律，如果方术不能应验，上交方术的人就要被处死。更何况秦始皇这个人非常残暴。侯生和卢生就商议，就算有长生不老药，也不能给他。于是，这两个人就潜逃了。秦始皇听说以后觉得自己被方士愚弄了，非常生气。他下令说："我对这些方士非常尊重，给他们很多赏赐，现在他们反而欺骗我，一定要严厉惩办！"所以秦始皇在咸阳坑杀了460多位儒生。这就是"坑儒"。

你有没有发现问题：得罪秦始皇的是方士，按理说他活埋的

焚书

应该主要是这些人，但是为什么变成"坑儒"了呢？而且，被坑杀的这些儒生，没有一个人留下姓名，这就更奇怪了。

后世很多学者经过研究，认为"坑儒"这件事是否发生过是存疑的。

虽然"坑儒"存疑，但"焚书"是确凿无疑的。这对中国的文化造成了严重的影响。在那个没有印刷术的年代，书籍的数量是相当有限的。而秦朝的一把火使很多文化典籍从此失传，春秋战国时期辉煌灿烂的"百家争鸣"带来的结果遭到了沉重的打击。而秦始皇这样做的目的，无非是通过控制人们的思想来加强自己的统治，这开了一个恶劣的先例：统治者采用野蛮的暴力来控制人们的思想，以维护统治。这是赤裸裸的文化暴行，对文化思想产生了巨大的危害。

白捡的知识

对历史事件的评价要选择恰当的时空尺度

秦始皇焚书坑儒的举措，反映了"师古"和"师今"两种历史观的矛盾。

从历史的眼光看，站在当时的历史情境下，禁止"以古非今"，统一思想，有助于巩固统一。从发展的眼光看，焚书坑儒的手段残暴而不当，对中国古典文化的传承造成了巨大破坏。

"焚书坑儒"不只秦朝

实际上，在古代，多数朝代建立之初都要对上一代的历史进行一番"清洗"。比如清朝的"文字狱"，让举国上下人人自危，不敢多说一句话，最终导致清朝科技、思想等全面陈腐落后。以乾隆编纂《四库全书》为例，《四库全书》总计存书3457部，79070卷，但在此之外销毁的书籍数量约为13600卷，焚书总数共计15万册，销毁版片总数170余种、8万余块。

思维导图

- **巩固统一的措施**
  - **统一货币：** 用原来秦国的圆形方孔"秦半两"作为标准，有利于国家赋税的征收和经济的发展
  - **统一度量衡：** 发布度量规定，官府制作统一的度量衡器具发到全国各地作为标准器
  - **统一文字：** 用秦国的文字小篆作为统一的字体，有利于文化交流
  - **统一车轨、修建驰道**

秦朝的货币是什么样的

发散思考

除了上面介绍的这些，你还了解秦朝实行的其他措施吗？你觉得在当时，其中有哪些措施是必要的，哪些又是可以缓行的呢？

第二十二章

什么导致秦"二世而亡"

○ 自古以来，关于秦灭亡的讨论，始终离不开"暴政"一词。可是在1975年12月，湖北省云梦县睡虎地出土了一批秦简，上面有这样一段记载："御中发徵，乏弗行，赀二甲；失期三日到五日，谇；六日到旬，赀一盾；过旬，赀一甲；其得毁（也）及诣。水雨，除兴。"大意是：为朝廷征发徭役，如耽搁不加征发，应罚二副盔甲。迟到三天到五天，批评；六天到十天，罚一块盾牌；超过十天，罚一副盔甲。因大雨或洪水导致的耽误，可免除本次征发。

这让人感到迷惑，秦法到底是不是像《史记》和《汉书》等史书中说的那样严酷？导致秦二世而亡的原因究竟是什么？让我们一起来看看本章是怎么说的吧。

敲黑板

· 秦朝灭亡的原因

　　秦始皇对他所建立的政权非常有信心。秦始皇在世时，规定了秦朝皇帝的称号：他是始皇帝，后代为二世、三世，乃至千世万世。这就说明，他希望嬴氏家族能够世世代代统治这个国家。

　　据说秦朝有一块传国玉玺，这块玉玺的原料就是著名的"和氏璧"，上边刻着"受命于天，既寿永昌"8个字，这8个字出自李斯之手。"受命于天"反映的是当时人们普遍接受的天命观，前文中提过，人们认为政权可以统治国家是因为受领了天命；而"既寿永昌"，就是世世代代永远统治下去。

　　由此可以看出秦朝统治者对这个政权的一种期望。但是这个期望落空了，秦朝只经历了短短15年，就"二世而亡"。当然，它实际经历了3个统治者：秦始皇、秦二世和秦王子婴。因为子婴放弃了帝号，所以我们一般认为秦朝是二世而亡。

　　这就产生了一个问题：这样一个强大又不可一世的政权，统治者对其又非常有信心，为什么在短短10多年的时间里就灰飞烟灭了呢？因为秦朝的暴政。

秦朝的暴政集中体现在两个方面：役民无度和严刑峻法。

秦朝民众的兵役、劳役负担是非常沉重的。秦在灭六国之后，曾经大规模地出击匈奴，还曾经对南方的越族用兵。也就是说，天下统一之后，秦朝并未停止对外用兵，所以民众的兵役负担非常沉重。

此外，劳役负担也很沉重，如兴修阿房宫。阿房宫是秦始皇在咸阳为自己修建的一座大型宫殿。他在灭六国的时候，曾经让人把六国那些比较壮丽华美的宫殿的样式临摹下来，在咸阳复建。他认为咸阳人太多，而先王留给他的宫殿又太小，所以他就在渭南上林苑建造了一个大规模的宫殿群。

阿房宫是这个宫殿群的前殿。据说阿房宫东西长500步，南北宽50丈，上边可坐1万人，在其中可以竖起5丈高的旗帜。后来唐朝大诗人杜牧写

白捡的知识

基建狂魔

秦朝统一后，秦始皇没有顺应人民渴望安定的愿望，而是大兴土木，用现代语言说就是"疯狂搞基建"。他不但建造宫殿、陵墓，还修建覆盖全国的交通路网——秦驰道和秦直道，以及在当时具有国际规模的国防工程——长城。之前的常年战乱加之新政府劳役征发繁重，百姓不堪其苦。据《史记》记载，公元前211年，有人在落到东郡的陨石上刻下了"始皇帝死而地分"，反映了百姓对秦统治的不满，也说明秦朝存在严重的统治危机。

但秦的基建遗产依然值得仰视。除了长城这一无人不知的伟大工程，秦朝路网的施工质量至今仍能堪称世界一流：秦驰道和秦直道历经2000多年依然不生杂草，一直用到清朝才逐渐废止。

> 留下你的思考

过一篇著名的《阿房宫赋》，这篇文章的开篇写道："六王毕，四海一。蜀山兀，阿房出。"意思是秦灭六国完成统一之后，把四川山上的树都砍光了，阿房宫才修建起来。这个宫殿群绵延300多里，由此可见其动用了多少人力物力。

秦始皇不仅为自己修建了豪华的宫殿，还给自己造了一座庞大的陵墓，就是著名的秦始皇陵。如果你去陕西西安旅游，在西安的临潼区城东5千米，就可以看到这座陵墓。我们都知道著名的秦陵兵马俑，它事实上只是秦始皇陵的外围建筑，是配套设施。

这个秦始皇陵到底是一个什么样的结构呢？司马迁在《史记》里记载：始皇当初刚刚登基，就命人挖通了郦山，穿过3层地下水，灌注铜水，填塞缝隙，把外棺放进去，设置百官位次，把珍奇器物、珍宝怪石等搬了进去，放得满满的；始皇还命令工匠制造由

蜀山兀、阿房出

机关操纵的弓箭，如有人挖墓就能将其射死；还命人用水银做成百川江河大海，用机械装置递相灌注输送；顶壁装有天文图象，下面置有地理图形；用娃娃鱼的油脂做成火炬，很久不会熄灭。

秦二世说，先帝后宫那些没有子女的妃嫔放出去不合适。他命令这些人全部殉葬，就这样杀了很多人。下葬完毕，有人说因为工匠制造了机关，知道墓中所藏宝物，为了避免泄露出去，所以在隆重的丧礼完毕，宝物都已藏好后，工匠们全部被封在里面了。墓上栽种了草木，从外边看上去就像一座山。

一个阿房宫和一个骊山陵就役使70多万人，除此之外还有长城、驰道等的修建，这就给民众造成了非常沉重的劳役负担。

根据文献记载，秦朝的人口是2000多万，除掉不适于服兵役、劳役的妇孺老幼，剩下适合服役的青壮年男子几乎都被征发了，这就是所谓的"举国就役"。

除了加重民众负担，这还引发了另一个严重的问题——没有足够的人力从事正常的生产劳动。这对秦朝的社会经济产生了严重的影响。秦朝曾经有一首民歌："生男慎勿举，生女哺用脯。不见长城下，尸骸相支柱。"传统观念重男轻女，这首歌正好相反：如果生的是男孩儿，不要养他；反之如果生的是女孩儿，要好好把她抚养成人。因为男孩儿长大要服兵役、劳役，妇女倒是没有这样的负担。这反映的就是秦朝的"役民无度"。

秦朝暴政的第二个方面就是法律严密、残酷，毫不夸张地说，在秦朝的法律规定中，哪怕你在家里待着什么都不做，都有可能犯法。秦律中有一条叫"连坐"，它规定邻里之间有互相监督告发的责任。如果你的邻居犯法了，而你不知道，就等于失职。邻居犯法，如果你去告发，你就可以得到和在战场上杀敌同样待遇的

留下你的思考

奖励；如果你知情不报，包庇纵容，你就要受到和在战场上投降一样的惩罚。

秦朝法律的死刑有12种，如弃市、腰斩、车裂、枭首等，还有大量残损人体的肉刑，如黥刑、劓（yì）刑、膑刑、刖（yuè）刑等。刑罚繁苛，以致造成了"赭（zhě）衣塞路，囹圄（líng yǔ）成市"的情况，就是在街道上随处都是穿着囚衣的犯人，监狱就像集市一样人满为患。

睡虎地秦简
湖北省博物馆藏

1975年12月，湖北省云梦县睡虎地出土了一批秦简。秦简年代下限为秦始皇三十年（公元前217年），而具体内容可追溯至战国时期的秦。秦简的主要内容为法律文件，丰富了我们对于秦律的理解。其中有一段大意是：为朝廷征发徭役，如耽搁不加征发，应罚二副盔甲。迟到三天到五天，批评；六天到十天，罚一块盾牌；超过十天，罚一副盔甲。因大雨或洪水导致的耽误，可免除本次征发。有学者据此提出，秦律事实上并不像《史记》和《汉书》等史书中说的那样严酷。

第二十二章 什么导致秦"二世而亡"

可见，当时有很多人由于各种原因成了犯人。准确地说，秦朝最终灭亡的直接导火线就是其过于严苛的法律。

什么原因导致秦朝的统治出现这样的特点呢？

首先，这与它立国的指导思想有关。从商鞅变法开始，秦国就把法家思想作为各种制度的理论基础。而法家认为人都有"趋利避害"的本性，就是人只做对自己有利的事，如果某件事会对自己造成伤害，那就会避而不做。既然人都会避害，那么就必须把法律制定得十分严酷，只有这样人们才会出于避害的本能不去触犯法律，统治者的政权也就长治久安了。这是导致秦朝的暴政，尤其是严刑峻法出现的很重要的一个原因。

其次，这与秦朝的历史地位有关。秦朝是中国历史上第一个全国性的、统一的中央集权制王朝。它的统治者在制定法规、政策的时候，没有经验可循，只能尝试。

纵观中国古代历史，凡是经过一场大规模农民起义建立起来的王朝，其寿命往往会比较长。因为它们的统治者比较注意汲取前朝灭亡的教训。但是没有经过农民起义而是通过政变、兼并战争建立起来的王朝，如秦朝、隋朝，它们的统治者往往从一开始就很残暴，所以王朝的寿命往往较短。

从公元前221年完成统一到秦始皇去世，这期间，秦始皇真正在都城咸阳安安稳稳过太平日子的时间很短，大规模的出巡有5次，几乎每年都有大规模的政治军事举措出台。他的指导思想是，我在世时把该做的事情都做了，子孙后代守着这份基业就行了。但是他在这样做的时候，急于求成，没有考虑到人民的承受能力。

思维导图

什么导致秦"二世而亡"
- 秦朝的暴政
  - 兵役、劳役负担非常沉重，如修建阿房宫和秦始皇陵，征战南方
  - 法律严苛、残酷

发散思考

关于秦朝暴政的原因，我们必须结合秦朝的历史地位和这个政权的特点来分析。你是否同意这个方法？关于秦朝暴政出现的原因，你还有别的看法吗？也有人认为用"暴政"来总结秦朝的政治制度并不恰当，你怎么看？

第二十三章

秦末农民起义——"王侯将相，宁有种乎？"

○ 秦朝末年，中国大地上好像布满了干柴，只要有一点火星溅上去，就会燃起熊熊烈火。陈胜在北方点燃了这第一把火，紧接着刘邦和项羽在东南起义，六国残存势力趁机加柴助燃，将强大的秦朝焚烧殆尽。

敲黑板

· 秦朝的灭亡

　　这种对民众沉重、残酷而无休止的压榨，断然不能持久，必定会激起民众剧烈的反抗，像遍地布满了干柴，只要有一点火星溅上去，就会燃起熊熊烈火。公元前209年，陈胜点燃了这第一把火。

　　陈胜是阳城（今河南登封市东南）人，《史记》里对他的身世介绍得并不详细，只说他很贫穷，靠替别人耕田种地为生。

　　有一次，陈胜在田垄上对一群卖苦力的穷哥们儿说："苟富贵，勿相忘。"就是说，如果我们将来谁富贵了，不要忘记彼此。那些人都嘲笑他说："你都混到这步田地了，怎么可能富贵呢？"陈胜说："燕雀安知鸿鹄之志哉！"意思是燕雀怎么知道鸿鹄的志向呢！

　　他说这句话的时候，谁都没有在意，更多的是对他的嘲讽。但是谁也没想到，后来他居然做了一件惊天动地的大事。

　　公元前209年，一支900人的戍卒部队奉命前往秦帝国的北部边郡渔阳（治今北京密云区西南）驻防，陈胜是其中的一个小队长。当他们走到蕲（qí）县大泽乡（今属安徽宿州市）时，正值夏秋时节，大雨滂沱，道路被冲毁，部队滞留在当地，不能按时赶到目的地。按照当时秦朝严苛的法律，他们犯了"失期罪"，会被斩首处死。如果为了求生而逃亡，被抓住也是死罪。陈胜就和另外一名小队长吴广商量："现在逃跑是死，干大事也是死，怎么做都是死，为什么不为国事而死呢？"于是两人密谋起事。

这个起事的过程，有几个细节很有意思：他们先在一片帛书上写了"陈胜王"3个字，然后把这片帛书放进鱼肚子里，又把这鱼混在戍卒买来的鱼中，戍卒给鱼开膛的时候看到帛书，非常惊讶。之后，吴广又在戍卒驻地附近的草丛里点鬼火，模仿狐狸的叫声，喊："大楚兴，陈胜王。"古时人们都很迷

白捡的知识

隐隐风雷

秦朝在东部地区的统治力量较弱，六国中反秦势力比较强，其中楚人尤甚。陈胜把国号定为"张楚"，意为"张大楚国"，旨在取得楚地人民的拥护和支持。"国号"的定名、以楚怀王的后代为领袖等事件，体现了东方六国残余势力和秦朝之间的矛盾。

各种史籍上对秦朝灭亡原因的不同见解

对于秦朝的灭亡，各史籍有很多种看法。《淮南子·人间训》中，"秦王赵政兼吞天下而亡"，意思是秦因为吞并其他国家，取得了周的天下，因此灭亡；《淮南子·泰族训》说："赵政昼决狱而夜理书，御史冠盖接于郡县，复稽趋留，戍五岭以备越，筑修城以守胡，然奸邪萌生，盗贼群居，事愈烦而乱愈生。赵政不增其德而累其高，故灭。"一句话，秦王都那么忙、那么累了，那帮刁民还在闹事！《战国策》说："秦信同姓以王，至其衰也，非易同姓也，而身死国亡。故王者之治天下在于行法，不在于信同姓。"意思是秦始皇嬴政（又名赵正）信任同姓的赵高，搞得亡国了，所以得依法治国而不是信任同姓。

> 留下你的思考

信,所以他们第二天再看见陈胜,都对他另眼相待。随后,陈胜、吴广斩杀了领队的军官,陈胜号召众人说:"咱们不能按时赶到渔阳,都要被杀头,就算能按时赶到,戍守边疆也多半是有去无回。壮士不死则已,要死就做一番大事业!"最后,陈胜发出了那句著名的呐喊:"王侯将相,宁有种乎!"他们起事以后,附近很多人来响应他们,后来队伍越来越大,很快占领了陈(今河南省周口市淮阳),这时部队达到几万人。陈胜在陈建立了政权,国号"张楚"。

在这个过程中,我们应该注意以下两个问题。

第一,这次起义完全是严苛的秦法导致的。如果戍卒们赶赴渔阳的日期能够得到宽限,恐怕他们不至于会铤而走险。而且陈胜在鼓动大家的时候说,就算按时赶到渔阳,戍守边疆生还的希望也很小。这说明当时百姓熟知且怨恨秦朝的暴政。

第二,这是一次严重缺乏准备的起义,因为他们原本是没有打算造反的。后来有人形容他们是"斩木为兵,揭竿为旗",这是说他们连像样的武器都没有。而陈胜、吴广也知道自己是无名小卒,缺乏号召力,所以才利用人们的迷信心理装神弄鬼。

但是就是这样一次仓促之间的起事,竟然焕发出巨大的能量,短时间内就从900人发展到数万人,而且力量还在不断壮大,这恰恰印证了陈胜所说的"天下苦秦久矣"。

大泽乡起义之后,各地民众纷纷响应。陈胜军队的实力不断得到扩张,于是他派兵攻破函谷关,想一举推翻秦朝。虽然张楚军声势浩大,有数十万人,但还是被秦朝名将章邯带领的军队击败。秦军顺势反击,最终吴广死于内乱,陈胜被自己的车夫杀害。

这支起义军只存在了6个月。但是,正如司马迁评价的那样:

第二十三章　秦末农民起义——"王侯将相，宁有种乎？"

虽然陈胜死了，但是秦朝最终还是为起兵响应他的其他起义军所灭，所以陈胜立下了第一功。

那么最终到底是谁灭的秦朝呢？就是两位叱咤风云的枭雄——刘邦和项羽。

刘邦和项羽后来成为争夺天下的对手，这两个人属于完全不同的类型。刘邦比项羽大25岁，是沛县（今属江苏丰县）人，平民出身，从小不爱从事正当营生，贪酒好色，为人却很慷慨，喜好结交豪杰，游历天下。有一次他在咸阳看到秦始皇出行时威严、豪华的阵仗，不禁感叹："大丈夫当如此也！"后来他做了沛县下属的泗（sì）水亭长，相当于今天的邮政交通站兼派出所的领导。他46岁时，负责押解劳工到骊山服劳役，很多劳工在途中逃亡了。到了丰西泽中，刘邦索性把其他人也都放了，自己和十几个愿意留下的人在芒砀山落草为寇。大泽乡起义后，刘邦也乘势起兵反秦。

项羽是下相（今江苏宿迁市西南）人，是赫赫有名的楚国大将项燕的后代。他身高八尺，力能扛鼎，才气过人。他和叔父项梁有一次也看到了秦始皇出巡的景象，他对项梁说："彼可取而代也。"项梁吓得赶紧捂住他的嘴说："别胡说，让人听见要被灭族的。"秦末农民起义发生之后，项梁、项羽在会稽郡（治今江苏苏州）起兵。这时陈胜已死，各地起义军群龙无首，需要有人统一指挥、协调行动。项梁从民间找到一个原来楚国王室的后代，立他为楚怀王，让各地义军都服从于他，其中也包括刘邦。

楚国的名义在这个地方再次出现。楚国在战国七雄中一度是很强大的国家，秦国为了削弱和消灭楚国，无所不用其极，极尽暴力与欺诈之事，而楚人也对秦国的残暴进行过可歌可泣的反抗。

> 留下你的思考

楚国灭亡之后，民间仍流传着这样一句话："楚虽三户，亡秦必楚。"而大泽乡起义的陈胜、起兵响应的刘邦和项羽，他们的出生地原来都属于楚国，所以他们使用楚国的国号、立楚王的后代为领袖，就不奇怪了。而各地起兵的义军领袖中很多也都是原来六国的王室后代和旧贵族。

但是秦朝实力强大，大将章邯在定陶（今山东菏泽市定陶区）大败楚军，项梁也阵亡了。秦军转而北上，在巨鹿（今河北平乡县西南）围住了另外一支打着赵国旗号的反秦军。楚怀王发兵救援，救援军队的指挥权后来被项羽掌控。项羽率领大军渡过漳河以后，把所有的渡船都凿沉，把炊事用具通通毁掉，每人携带3天的口粮，以示死战到底的决心。楚军将士无不以一当十，喊杀声震天动地，与秦军作战九战九捷，大获全胜。

当时来自其他地区的援军都被楚军的气势震慑，战后项羽在召见这些将领时，所有人进入辕门之后都跪在地上用膝盖前行，没有人敢抬头仰视项羽。项羽从此号称诸侯上将军，威震华夏。此时他只有25岁。

秦军主力被消灭，咸阳震动，关中空虚。秦朝的末代君主子婴被迫放弃皇帝称号，宣布承认六国复国。公元前207年，刘邦率领义军乘虚攻入咸阳，子婴投降，秦朝正式灭亡。

思维导图

秦末农民起义——"王侯将相，宁有种乎？"

- 陈胜、吴广大泽乡起义，失败
- 刘邦和项羽起义
  - 巨鹿之战，项羽歼灭秦军主力
  - 秦朝的末代君主子婴被迫放弃皇帝称号，宣布承认六国复国
  - 公元前207年，刘邦率军乘虚攻入咸阳，子婴投降，秦朝正式灭亡

发散思考

贾谊在《过秦论》中写道：陈胜一众人的地位比以前六国的君主、贵族们低贱多了，他们使用的武器和他们的战斗力等无论如何都超不过以前六国的军队，他们也没有深谋远虑的军事才华。但是强大的秦朝当年如秋风扫落叶般把六国一一消灭，现在居然败在这些戍卒手里，这是什么原因呢？

图书在版编目(CIP)数据

历史应该这样学. 从传说时代到秦代 / 赵利剑著. —成都：天地出版社，2023.8
ISBN 978-7-5455-6941-4

Ⅰ.①历… Ⅱ.①赵… Ⅲ.①中国历史—上古史—青少年读物 ②中国历史—秦代—青少年读物 Ⅳ.①K209

中国版本图书馆CIP数据核字（2022）第001876号

LISHI YINGGAI ZHEYANG XUE · CONG CHUANSHUO SHIDAI DAO QINDAI
历史应该这样学·从传说时代到秦代

出 品 人	陈小雨　杨　政	责任校对	张月静
作　　者	赵利剑	美术设计	曾小璐　丁　宁
监　　制	陈　德	插图绘制	李冬冬
策划编辑	凌朝阳　何熙楠	营销编辑	李　昂
责任编辑	徐　宏　韩　敏	责任印制	刘　元

出版发行	天地出版社 （成都市锦江区三色路238号　邮政编码：610023） （北京市方庄芳群园3区3号　邮政编码：100078）
网　　址	http://www.tiandiph.com
电子邮箱	tianditg@163.com
经　　销	新华文轩出版传媒股份有限公司
印　　刷	天津融正印刷有限公司
版　　次	2023年8月第1版
印　　次	2023年8月第1次印刷
开　　本	710mm×1000mm 1/16
印　　张	13.5
字　　数	150千字
定　　价	45.00元
书　　号	ISBN 978-7-5455-6941-4

版权所有◆违者必究
咨询电话：（028）86361282（总编室）
购书热线：（010）67693207（营销中心）

如有印装错误，请与本社联系调换。